AF500192

ESQUISSES MILITAIRES

DE LA

GUERRE DE TRENTE ANS

Grand in-8°. 3e série.

LE PRINCE DE CONDÉ A LA BATAILLE DE LENS

ESQUISSES MILITAIRES

DE LA

GUERRE DE TRENTE ANS

PAR A. LEDIEU

Lauréat et membre de plusieurs sociétés savantes.

J. LEFORT, ÉDITEUR

LILLE
RUE CHARLES DE MUYSSART, 24

PARIS
RUE DES SAINTS-PÈRES, 30

Dans le premier quart du XVIIe siècle, une guerre politique et religieuse, qui dura trente ans — d'où son nom, — s'étendit à toute l'Europe. Les causes qui l'amenèrent sont multiples : l'antagonisme des catholiques et des protestants, mais surtout l'envahissement de la maison d'Autriche. Ces causes ne cessèrent de s'accroître à partir des premiers troubles qui s'étaient produits à Cologne en 1583. Sans cesse en butte, depuis cette époque, aux persécutions des catholiques, les protestants engagèrent la lutte après la défénestration de Prague (1618).

La guerre de Trente ans, qui commença alors en Bohême pour s'étendre ensuite à tout l'empire, se divisa en quatre périodes.

A la *période palatine* (1618-1625), où les protestants sont vaincus, succède la *période danoise* (1625-1629), à la suite de laquelle les catholiques ont encore le dessus. C'est alors que la France, inquiète des succès de la maison d'Autriche, lui oppose un ennemi redoutable dans la personne de Gustave-Adolphe, roi de Suède, qui fond sur l'Allemagne et la déconcerte un instant par les victoires qu'il remporte à Leipzig, au Lech et à Lutzen; mais il périt à cette dernière bataille, et ses soldats se firent battre ensuite à Nordlingen, où Jean de Werth s'acquit une grande réputation.

A Nordlingen, la réformation était encore une fois vaincue. C'était la fin de la période suédoise (1630-1635).

A son arrivée aux affaires, le cardinal de Richelieu poursuivit deux buts : l'anéantissement des droits politiques des protestants et l'abaissement des grands ; il sortit triomphant de ces deux luttes. C'est alors qu'il put tourner ses regards vers l'extérieur, et préluda, par la guerre de la Valteline et par celle de la succession de Mantoue, à une autre lutte bien plus importante. Il résolut, en effet, de continuer seul la guerre de Trente ans. C'était la *période française* qui allait commencer, et qui devait durer plus longtemps que chacune des trois autres (1635-1648); mais Richelieu n'en devait pas voir la fin.

Comme à chaque invasion de la France, ce furent les provinces du Nord qui eurent seules à souffrir de l'entrée des Espagnols et des Impériaux dans le royaume.

Les ennemis, pénétrant par notre frontière si vulnérable du nord-est, s'emparèrent de la Capelle, du Catelet et de Corbie. La route de Paris leur était ouverte.

Mais les brillants généraux de Louis XIII déployèrent une telle vigueur, une telle activité, ils furent si bien secondés par le pays, qu'ils rejetèrent l'ennemi hors des frontières, et le suivirent victorieusement sur son propre territoire.

Le récit des sièges et des batailles qui se sont livrées en Picardie et en Artois, pourra offrir plus d'un enseignement. Ce récit se trouvera complété par la silhouette des glorieux capitaines français qui ont pris part à cette lutte.

ESQUISSES MILITAIRES

I

Le duc de la Force, maréchal de France.

Reprise de Corbie (1636).

JACQUES NOMPAR DE CAUMONT, marquis, puis duc DE LA FORCE, naquit le 30 octobre 1558. Il n'avait pas quatorze ans lorsqu'il vit massacrer son père et son frère à *la Saint-Barthélemy;* c'est de lui que parle Voltaire dans *la Henriade*, ch. II :

> De Caumont, jeune enfant, l'étonnante aventure
> Ira, de bouche en bouche, à la race future.

Le jeune Caumont échappa comme par miracle à cette horrible boucherie. Il a raconté lui-même, dans les *Mémoires* qu'il rédigea sur la fin de sa vie, tous les incidents du drame sanglant qu'il vit se dérouler sous ses yeux. Nous lui emprunterons une partie de son récit.

Le père marchait le premier, son fils aîné le suivait et le cadet venait le dernier; celui-ci était notre Jacques de Caumont. Lorsqu'ils furent arrivés à l'extrémité de la rue des Petits-Champs, près le rempart, les soldats crièrent : « Tue! tue ! » On donna d'abord quelques coups de poignard à l'aîné des enfants, qui s'écria en tombant : « Ah ! mon Dieu! je suis mort! » Le père, se retournant vers lui, fut aussitôt percé de coups. Le second des enfants, couvert de sang, mais n'ayant reçu aucune blessure, s'écria aussitôt : « Je suis mort ! » En même temps, il se laissa tomber entre son père et son frère, qui, bien que par terre, reçurent encore force coups, tandis que lui n'eut pas la moindre égratignure. Les meurtriers dépouillèrent ensuite le père et ses deux fils et les laissèrent tout nus, mais ils ne s'aperçurent point que le cadet ne portait aucune blessure.

Ce meurtre avait été commis au milieu d'une grande rue, en plein jour. Vers quatre heures du soir, un marqueur à un jeu de paume, qui demeurait dans le voisinage, s'approcha des trois corps et remarqua un bas de toile resté à l'une des jambes du jeune Caumont; il essaya de le lui enlever, et, pour ce dessein, il retourna le jeune homme, qui avait le visage contre terre. En le voyant si jeune, cet homme s'écria : « Hélas! celui-ci n'est qu'un pauvre enfant! N'est-ce pas grand dommage? Quel mal pouvait-il avoir fait? »

En entendant ainsi plaindre son sort, le jeune Caumont leva doucement la tête et dit tout bas : « Je ne suis pas mort; par pitié, sauvez-moi la vie! »

Après qu'il eut pris toutes ses précautions pour ne pas être vu, le marqueur jeta un mauvais manteau sur les épaules du jeune Caumont et le conduisit chez lui, en faisant semblant de le frapper.

« Qui menez-vous donc là? demandèrent les voisins.

— C'est mon petit neveu qui est ivre et que je fouette, » répondit le marqueur.

Arrivé chez lui, ce dernier remarqua que l'enfant portait plusieurs bagues au doigt ; il lui fit entendre que sa misère était telle qu'il ne pouvait lui donner à manger, et finalement il lui demanda ses bagues. Le jeune Caumont les lui donna toutes, mais il voulut garder un diamant qui venait de sa mère. La femme de son sauveur intervint alors, et fit ressortir assez aigrement que, puisque son mari lui avait sauvé la vie, il était tout naturel qu'il donnât tout. L'enfant tenta vainement de conserver son diamant, disant qu'il servirait à le faire reconnaître. La femme ne voulut rien entendre et le menaça de le faire reprendre. Il lui remit alors sa bague, et reçut en échange un morceau de pain et une chopine de vin.

Le lendemain matin, le marqueur conduisit le jeune la Force à l'Arsenal, où demeurait sa tante, Mme de Brisambourg, qui le cacha dans le cabinet du maréchal de Biron.

Une visite fut faite à l'Arsenal pour y découvrir les huguenots qui auraient pu s'y réfugier ; la Force échappa à ce nouveau péril, grâce aux précautions que prirent sa tante et plusieurs autres personnes.

A quelques jours de là, il quittait Paris sous un faux nom, et se rendait en Guyenne, au château de Castelnau des Mirandes, où s'était retiré son oncle, Geoffroy de Caumont. Ce dernier avait pu quitter la capitale le jour de la Saint-Barthélemy ; c'est à cette circonstance qu'il dut son salut.

La Force avait résolu de venger la mort de son père et celle de son frère ; aussi, dès qu'il le put, il courut rejoindre le roi de Navarre, qui lui fit lever une compagnie de chevau-légers (1580). A partir de cette époque, on le retrouve combattant presque partout aux côtés du roi de Navarre. Il se trouva au siège de Marmande et suivit Henri à la prise de

Cahors. En 1586, il contribue à la levée du siège de Castets, puis il se jette dans Marans, qu'il défend contre son beau-père, le maréchal de Biron. Il se distingue à Coutras (1587), donne des marques de sa bravoure à Arques (1589), prend part au siège de Laon (1594), au combat de Fontaine-Française (1595), au siège de la Fère (1596), à la reprise d'Amiens (1597) et à la campagne de Savoie (1600).

M. de la Force se trouvait dans le carrosse du roi lorsque celui-ci fut assassiné (14 mai 1610). Il devait prêter le serment de maréchal de France le lendemain et aller se mettre à la tête d'une armée qui devait entrer en Espagne; mais Marie de Médicis lui ordonna de quitter immédiatement la cour et de se rendre dans son gouvernement du Béarn, pour y faire reconnaître l'autorité du jeune roi.

M. de la Force continua de servir Louis XIII; mais, lorsque ce prince voulut rétablir le culte catholique dans le Béarn, le gouverneur de cette province se mit à la tête des huguenots révoltés (1620). Il se jeta dans Montauban et défendit cette ville contre l'armée royale, qui ne put s'en emparer; le siège avait commencé le 17 août 1621 et fut levé le 10 novembre.

L'année suivante, la Force accepta les conditions de paix que lui fit offrir Louis XIII; il remit plusieurs places sous l'autorité royale, et reçut en échange le bâton de maréchal de France et deux cent mille écus, soit environ trois millions et demi de francs.

Nous ne suivrons point le maréchal de la Force dans les guerres qu'il fut chargé de faire au duc de Savoie en 1630, et au duc Charles de Lorraine, de 1631 à 1635. Il était en congé depuis quelques mois lorsque Richelieu recourut à lui. L'ennemi venait d'envahir la Picardie; en moins de six semaines, quatre petites places, la Capelle, le Catelet, Roye et Corbie se rendirent lâchement aux Espagnols.

A la nouvelle de la capitulation de la Capelle et de celle du Catelet, le roi et son premier ministre éprouvèrent un instant de frayeur; ils se rendirent aussitôt à Paris, où Louis XIII assembla au Louvre les sept corps de métiers pour en obtenir du secours. Ils « lui promirent, au nom de la ville, de faire un grand effort pour le secourir, dit Montglat; ils y travaillèrent à l'heure même : tous les bourgeois se cotisèrent, et toutes les portes cochères s'obligèrent de fournir un cavalier, et les petites portes un fantassin. » Cette levée fut appelée *la cavalerie des portes cochères.*

Lorsqu'on apprit dans la capitale que les Hispano-Impériaux avaient traversé la Somme, « tout y fuyait, continue Montglat, et on ne voyait que carrosses, coches et chevaux sur les chemins d'Orléans et de Chartres, qui sortaient de cette grande ville pour se mettre en sûreté, comme si déjà Paris eût été mis au pillage. »

L'abbé Arnauld dit de son côté : « On ne connut jamais si bien les ressources de la France et la force du génie de M. le cardinal de Richelieu qu'en cette occasion. Il parut toujours intrépide dans Paris lorsqu'il semblait avoir tout à craindre dans la consternation où était le peuple. On ne se croyait pas en sûreté dans cette capitale du royaume, on en fortifiait les avenues. »

Après qu'elle eut traversé la Somme, la cavalerie ennemie pilla tout le pays compris entre cette rivière et l'Oise; c'était surtout celle que commandait Jean de Werth qui s'aventurait le plus loin. Montglat raconte que tous les gentilshommes qui possédaient des propriétés au delà de l'Oise avaient obtenu des sauvegardes et même des gardes généraux espagnols pour préserver leurs maisons du pillage.

Un jour, le roi, chassant à Compiègne sur le bord de l'Oise, vit sur l'autre rive un homme avec une casaque de livrée. La curiosité lui fit demander qui il était. « Sur ce qu'on lui répondit que c'était un garde du cardinal-infant qui était là en garde dans quelque château, il se tut et n'en parla pas davantage, honteux de voir devant ses yeux ses sujets être contraints de recourir à la protection de ses ennemis. »

Dans ses *Historiettes*, Tallemant des Réaux rapporte un fait à peu près semblable.

« Le roi alla à Chantilly, dit-il, et envoya le maréchal de Châtillon pour faire rompre les ponts de l'Oise. Montatère, gentilhomme d'auprès de Liancourt, rencontre le maréchal et lui dit :

« Que ferons-nous donc, nous autres de delà la rivière?
» Il semble que vous nous abandonniez au pillage.

» — Envoyez, dit le maréchal, demander des gardes à M. de
» Piccolomini; je vous donnerai des lettres; il est de mes amis;
» nous en usâmes ainsi en Flandre après la bataille d'Avein. »

» M. de Liancourt et M. d'Humières, ayant appris cela, continue Tallemant, se joignirent à Montatère. Le maréchal écrit. Piccolomini envoie trois gardes, et mande au maréchal que si c'eût été le maréchal de Brézé il ne les aurait pas eus.... M. de Saint-Simon, chevalier de l'ordre et capitaine de Chantilly, pour faire le bon valet, alla dire au roi qu'il y avait un garde à Montatère, que c'était un lieu fort haut, que de là on pouvait découvrir quand le roi ne serait pas bien accompagné et le venir enlever avec cinq cents chevaux, car il y avait, disait-il, des gués à la rivière. Voilà la frayeur qu saisit le roi; il se met à pester contre Montatère, et dit qu'il voulait que dans trois jours il eût la tête coupée, et que c'était lui qui avait donné ce bel exemple aux autres. »

La capitulation de Corbie produisit une impression profonde dans la capitale et dans toute la France. L'effroi avait gagné tous les cœurs, la terreur était partout. Richelieu éprouva un instant de découragement en présence de la consternation générale. Il s'enferma dans son palais, qu'il fit défendre par une triple rangée de gardes, et manifesta l'intention d'abandonner les affaires ; il s'apercevait que le roi était effrayé lui-même et qu'il semblait douter de la capacité de son premier ministre.

Le P. Joseph et Mazarin firent tous leurs efforts auprès du cardinal pour qu'il gardât le soin des affaires, et l'engagèrent à se promener tranquillement dans Paris, d'écouter les injures de la canaille et de dire aux Parisiens que s'ils voulaient secourir le roi d'hommes et d'argent, Louis XIII chasserait les Espagnols, entrerait dans les Pays-Bas et y mettrait tout à feu et à sang.

Tallemant parle en ces termes de la promenade que Richelieu fit dans les rues de la capitale : « En ce temps-là, il alla dans Paris sans gardes, mais il y avait du fer à l'épreuve dans les mantelets et dans les cuirs du devant et du derrière de son carrosse et toujours quelqu'un en la place des laquais. Il menait toujours le maréchal de la Force avec lui, parce que le peuple l'aimait. »

Une armée nombreuse fut bientôt mise sur pied. Louis XIII en confia le commandement à Gaston d'Orléans, son frère, en lui disant : « Je vous baille le commandement de mon armée et le maréchal de la Force pour être auprès de vous, que je tiens le plus expérimenté et le plus capable de mon royaume, et le marquis de la Force, son fils. Ils m'ont toujours très bien servi. Je désire que vous croyiez à ses conseils et le laissiez conduire. »

Le roi avait recommandé à son frère de s'avancer d'abord sur Roye, qui se rendrait immédiatement à la vue d'une pareille armée, puis de marcher sur les ennemis avant qu'ils eussent repassé la Somme. Il comptait bien que les Hispano-

Impériaux ne résisteraient point au choc, car ils ne devaient guère être plus de dix-huit mille combattants, infanterie et cavalerie, tandis que l'armée française comptait trente mille fantassins, douze mille cavaliers et trente canons.

Louis XIII recommanda enfin à son frère de passer la Somme au plus tôt, d'établir son camp le plus près possible du camp ennemi, et de prendre enfin ses quartiers d'hiver aux environs de Corbie. Nous ne nous étendrons point sur le plan imposé par le roi, mais nous dirons qu'il était bien conçu et aurait donné le résultat qu'on en attendait s'il eût été suivi. Mais, hélas! le mouvement se fit avec lenteur et n'aboutit point.

Le maréchal de la Force, étant arrivé aux environs de Laon, apprit par l'un de ses espions que Jean de Werth se trouvait encore sur la rive gauche de la Somme, avec un grand nombre de chariots et les femmes de ses soldats, et qu'il lui faudrait plus de deux jours pour repasser la rivière. La Force proposa au duc d'Orléans de se porter sans délai sur l'armée de Jean de Werth, qui ne pourrait traverser la Somme assez vivement sans laisser une partie de ses bagages. Si cette proposition avait été adoptée et menée à bonne fin, elle aurait eu pour effet, suivant la Force, de jeter l'effroi parmi les ennemis et de donner quelque gloire à l'armée française, qui en avait tant besoin.

Un conseil fut assemblé. Le duc de la Force y fit valoir que Roye, place peu importante, avait une garnison trop faible pour qu'elle pût résister à l'armée française lorsque celle-ci l'attaquerait; il ajouta qu'après que Jean de Werth se serait retiré sur la rive droite de la Somme, la garnison de Roye, se voyant isolée et dans l'impossibilité de recevoir aucun secours, ne tarderait pas à se rendre.

A ces raisons pleines de sagesse, on objecta mille difficultés, et l'on décida qu'il serait préférable de reprendre Roye, sauf à se porter ensuite sur l'armée ennemie. C'était une faute que l'on ne devait pas tarder à reconnaître sans qu'il fût possible de la réparer.

L'armée du duc d'Orléans aurait pu assiéger Roye et attaquer simultanément les ennemis, comme le voulait la Force. Il suffisait de détacher sept ou huit mille fantassins pour cerner Roye, et de passer outre avec le reste des troupes en envoyant quatre ou cinq mille cavaliers sur les derrières des Hispano-Impériaux au moment où ils repasseraient la Somme.

Mais on s'arrêta au parti qui devait être le moins avantageux. L'armée française perdit un temps précieux devant Roye, qui se rendit le 18 septembre. Après la capitulation de cette ville, on voulut exécuter le projet émis par le maréchal de la Force lorsque l'armée se trouvait aux environs de Laon, mais il était trop tard. Les ennemis repassèrent la Somme dès qu'ils entendirent le canon dans la direction de Roye.

Afin d'être mieux obéi, Louis XIII quittait Senlis le 22 septembre et se dirigeait sur la Picardie, pour être plus près du théâtre des opérations qu'il allait désormais diriger lui-même. Le jour même, le roi dépêcha un courrier au duc d'Orléans, le priant de lui envoyer le surlendemain le fils du maréchal de la Force, le marquis de la Force, avec seize cornettes de cavalerie. Lorsque celui-ci fut arrivé, Louis XIII lui dit : « Je vous ai envoyé chercher pour vous mettre en main une entreprise que l'on m'a proposée, laquelle je veux que vous exécutiez, m'assurant en votre bonne conduite et que vous saurez très bien disposer toutes choses. C'est sur les forts que les ennemis ont faits sur les ponts de Corbie; il y en a trois, mais il y a un gué où l'on peut passer et leur gagner le derrière; examinez le tout et le faites reconnaître.

et ajustez si bien toutes choses que l'exécution s'en ensuive. »

En quittant le roi, le marquis de la Force se rendit à Corbie, et, après avoir reconnu les lieux, il fit préparer un certain nombre de bateaux qui devaient servir à son entreprise.

Le 26 septembre, par une nuit obscure, telle qu'on pouvait la souhaiter, les bateaux étaient chargés sur des chariots pour être lancés dans la Somme. Des soldats, montés sur ces bateaux, s'approchèrent d'une demi-lune que les Espagnols avaient construite à cinquante pas des murailles, et ils en commencèrent l'attaque. Comme cet ouvrage de fortification se trouvait entre deux canaux formés par la Somme, il devint facile aux soldats du marquis de la Force, placés dans ces deux canaux, d'attaquer la demi-lune des deux côtés à la fois. « Ils rompirent et brisèrent tout ce qu'ils trouvèrent de barricades et d'embarras sur les ponts, chassèrent ou tuèrent tous les ennemis qui étaient dans l'ouvrage à cornes, à la réserve de deux soldats que l'on conserva, pour apprendre par eux l'état de ceux qui étaient dans la ville. »

Le marquis de la Force, prévoyant qu'à la première attaque la garnison ne manquerait pas de se mettre de la partie, avait fait disposer une galerie en terre pour mettre ses soldats à couvert. Il avait prévu juste, car, dès que l'alarme fut donnée, les soldats de la garnison coururent aux murailles et firent feu sur les troupes du marquis de la Force, qui n'eurent aucunement à souffrir ni de leurs coups de canon ni de leurs coups de mousquet.

Après cette prise, la Force plaça ses soldats dans les retranchements qu'il avait fait établir aux portes de Corbie; la ville se trouvait bloquée, puisqu'il n'y avait de ponts que du côté où se trouvaient les soldats français. Il aurait dès lors été facile à l'armée royale de se diriger sur la Flandre pour y poursuivre les ennemis, sans se préoccuper autrement de Corbie, si Louis XIII n'avait pas mis son point d'honneur à reprendre cette place.

Le 2 octobre, l'armée française mettait le siège devant Corbie. Fontenay-Mareuil s'établit sur la rive gauche de la Somme, dans un bois dont la position, très avantageuse au point de vue stratégique, le mettait hors de la portée du canon de la place ; il avait avec lui dix mille fantassins et deux mille cavaliers.

Le duc d'Orléans, qui avait sous ses ordres les maréchaux de la Force et de Châtillon avec dix mille fantassins et mille cinq cents cavaliers, campa à une lieue de Corbie.

Quant au comte de Soissons, il eut pour mission de veiller au dehors sur les desseins des ennemis et de tenir la campagne avec quatorze mille hommes d'infanterie et huit mille de cavalerie.

Le roi avait pris son quartier sur la rive gauche de la Somme, entre cette rivière et la Luce. Ses troupes, commandées sous lui par le marquis de la Force et par Lambert, formaient un effectif de dix mille fantassins et de mille cinq cents cavaliers ; il aurait bien désiré prendre son quartier plus près de Corbie, mais tous les villages situés le long de la Somme avaient été brûlés. Quant à ceux qui se trouvaient sur le plateau séparant la vallée de la Somme de la vallée de la Luce, il était impossible d'y faire camper les soldats par suite de la peste qui y sévissait avec une violence extrême. Ce n'était à chaque pas que cadavres et charognes laissés sur la terre par les ennemis ; les puits étaient remplis de chevaux et d'animaux morts, ce qui avait obligé les habitants à quitter leurs maisons ; ils se huttaient dans les champs pour recueillir leurs blés et labourer leurs terres.

Dans un conseil tenu le 2 octobre, on avait résolu de faire

ouvrir des tranchées pour la circonvallation autour de Corbie. Le 4, Louis XIII ayant visité les passages de Sailly et de Cerisy, traça les forts et les redoutes que l'on devait entreprendre pour s'opposer au retour des ennemis sur la rive gauche de la Somme.

Le dimanche 5, le roi se rendait à Amiens pour s'entendre avec le comte de Soissons et le maréchal de Châtillon, relativement au reste des travaux à exécuter sur la rivière d'Ancre, vers le quartier de Gaston d'Orléans.

Les travaux ne tardèrent pas à être entrepris. « On traite avec les soldats de l'armée à tant la toise, dit le maréchal de la Force dans ses *Mémoires;* chacun des chefs a sa tâche afin de faire plusieurs travaux à la fois; les ingénieurs ayant tracé tout, chaque corps d'infanterie qui était la plupart campé sur les lieux, les quartiers étant donnés, fournissait les hommes. Monsieur entreprit le premier fort; chacun faisait à l'envi; il n'est pas croyable le grand ouvrage qui se fit en peu de temps. »

Le 6 octobre, Richelieu se rendit au camp; il visita les travaux en compagnie du duc d'Orléans, du comte de Soissons et des maréchaux de la Force et de Châtillon. Dans un conseil qui fut tenu à cette occasion, on présenta une carte de Corbie et de ses environs. Le cardinal l'examina attentivement; « puis, avec ce coup d'œil de génie qui juge en un instant, il retrancha ce qui lui parut inutile, ajouta ce qui manquait, et ensuite ordonna, prépara tout. »

Le roi fit exécuter sur la rive gauche de la Somme deux forts et deux redoutes, pendant que, sur la rive droite, son frère faisait établir six forts et huit redoutes.

L'évêque de Chartres voulut rester dans le camp. Il fit dresser des tentes dans le fort d'Orléans afin de pouvoir tout surveiller, de presser les ouvriers et de leur faire distribuer ce qui leur était nécessaire.

Louis XIII, qui ne passait jamais deux jours sans aller au camp, visitait les travaux le 7 octobre. Il y trouva plus de cinq mille hommes occupés aux tranchées. Au moment où il arrivait, les assiégés firent sortir deux cents fantassins et cinquante cavaliers, qui s'avancèrent à une demi-portée du canon de la ville, dans le but d'attirer la cavalerie française, mais on n'envoya sur eux que trente mousquetaires et vingt cavaliers, qui les repoussèrent l'épée dans les reins jusqu'aux fortifications de la place. Le roi encouragea les soldats à travailler activement; il parut satisfait de son frère, qui montrait beaucoup de bonne volonté en cette circonstance. Enfin il visita toute la circonvallation et put voir commencer la construction d'un pont sur la Somme.

Le 8, on fit neuf prisonniers, et l'on apprit par eux que le cardinal-infant était à Arras, que les ennemis avaient placé leurs canons dans cette ville, et que les soldats étaient logés dans les villages environnants. Le même jour, les carabins de la garnison de Doullens s'emparèrent de deux cents bêtes à cornes, de vingt chevaux, et firent quelques prisonniers près de Saint-Pol.

Le 9, Louis XIII alla visiter le pays situé entre Corbie et Bapaume. Il s'avança même du côté d'Arras afin de savoir quel chemin pourraient suivre les ennemis s'ils voulaient secourir Corbie. Il était accompagné dans cette reconnaissance du duc d'Orléans, du comte de Soissons, des ducs d'Angoulême et de Beaufort, du maréchal de la Force, de du Hallier et du marquis de la Force. Le champ de bataille fut désigné dans le cas où les Espagnols reviendraient en Picardie.

Le même jour, Richelieu disait dans une lettre au roi : « Puisque Sa Majesté va aujourd'hui aux travaux, je ne doute point qu'elle n'y fasse pourvoir à tout ce qui sera nécessaire. Il lui plaira ordonner les couverts les plus pressés dans les forts pour les soldats et les magasins, et les faire, s'il lui plaît, entreprendre à prix fait à des Suisses, comme on faisait à la Rochelle. J'ai fait acheter ici quatre mille planches; il nous en viendra encore dix mille. Il plaira à Sa Majesté en ordonner l'emploi. Il est aussi temps, à mon avis, de faire hutter les régiments au dedans de la circonvallation aux lieux où ils doivent demeurer, afin qu'ils soient à couvert avant que le mauvais temps ne vienne. Les ordres du roi les feront plus avancer en deux jours que les soins de quelque personne que ce soit en dix jours. Je crois qu'il est à propos que Sa Majesté, étant au travail, ordonne la revue de l'infanterie de l'armée et déclare que les prêts commenceront lundi, afin que tous les soldats lui en sachent le gré qu'ils doivent. Si elle approuve le pain à la cavalerie, c'est-à-dire une ration par cavalier, pour le temps qu'elle sera où elle est, elle doit aussi le lui faire savoir pour la même raison que dessus. »

Dans cette lettre, le cardinal propose au roi de faire venir avant la mauvaise saison les petites pièces d'artillerie qui étaient à Paris, à Compiègne et ailleurs, pour les placer dans les forts. Il lui fait connaître qu'il s'occupe du soin de trouver des maçons pour faire construire des fours dans la circonvallation, et que déjà la farine est prête pour la fabrication du pain ou du biscuit. Il l'informait aussi qu'il allait faire venir de Calais, de Dieppe et de Rouen, du fourrage, de l'avoine, de la chandelle, du beurre, de la morue, du riz, des pois et des fèves, ajoutant qu'on ne pourrait « réussir qu'avec un extraordinaire soin et beaucoup d'argent. »

Le cardinal pourvoyait à tout « avec une merveilleuse diligence, dit la Force dans ses *Mémoires;* il faisait fournir toutes choses nécessaires, non seulement les pains de munition, mais même l'avoine et les fourrages qu'il faisait venir par mer, et de tout le pays, les outils pour les travaux, les charpentiers avec tous les matériaux pour les huttes, jusqu'à mettre les corps de garde à cheval à couvert; la saison obligeait à tout cela; aussi était-ce une haute entreprise, ayant l'ennemi si près. »

Le 9, on fut informé, par un prisonnier qu'avait fait le colonel Gassion, que Jean de Werth allait faire prendre les quartiers d'hiver à ses troupes dans les environs de Liège; mais, craignant que ce ne fût un faux bruit, l'armée se tint sur ses gardes pendant toute la nuit.

Les travaux de circonvallation entre la Somme et l'Ancre étaient terminés le 10 octobre, et Louis XIII fut satisfait. On lui fit remarquer, pendant qu'il visitait les travaux, que, lorsque les Espagnols étaient de garde sur les remparts, ils tiraient bien plus de coups de canon que quand la garde était faite par les Italiens et les Wallons.

Le 10, les assiégés tirèrent plus de deux cents volées de canon. Le 11, un habitant de Corbie en compta huit cents. Les ennemis, pour faire croire qu'ils n'avaient plus de boulets, employaient des morceaux de cloche.

Le grand fort d'Orléans était à peu près terminé le 11 octobre. On y plaça aussitôt trois régiments : celui de Picardie, formé de mille hommes; celui de la Marine ou du cardinal-duc, de force égale, et celui de Brézé, composé de huit cents hommes. Auprès de ce fort, on établit le parc d'artillerie, qui était protégé par une forte tranchée; et, pour que rien ne manquât, l'évêque de Chartres eut le soin de créer un hôpital dont il prit l'inspection et la direction.

Vers le même temps, on amena à Amiens vingt-huit pièces de canon que Richelieu avait fait demander à Paris et à Compiègne; c'étaient des pièces de trente-trois et de vingt-quatre livres. Mais on décida en conseil qu'on se servirait très peu de ces dernières, parce qu'elles étaient du même calibre que celles des ennemis; ceux-ci ne manqueraient pas d'employer les boulets qui seraient lancés contre eux.

Le 12 octobre, à sept heures du matin, le roi quittait son quartier pour se rendre au camp et visiter le fort qu'il faisait construire sur le chemin de Sailly. Un espion venant reconnaître les passages de la Somme fut pris à Bray et envoyé à Amiens. Le même jour, un tambour sorti de Corbie apprit à l'armée française que les assiégés, n'ayant plus de moulins, pilaient leur blé dans des cloches et dans des marmites, ce qui fut confirmé par un habitant sorti quelques instants après.

Les assiégés voulurent rejeter de la place environ cent trente bouches inutiles, que les assaillants repoussèrent à coups de mousquet, sauf deux personnes que l'on conduisit au roi.

Richelieu se trouva aussi devant Corbie le 12 octobre; il était accompagné des maréchaux de la Force et de Châtillon. Le soir, on apprit par un second tambour sorti de la ville que le gouverneur était très malade, et que son lieutenant avait eu le ventre emporté trois jours auparavant par une bombe qu'il voulait lancer dans le camp des assaillants; que plus d'un quart des soldats étaient malades; qu'il n'y avait plus ni viande fraîche ni viande salée; que la nourriture consistait en la moitié d'un pain de munition dont le grain était imparfaitement moulu; que la boisson était une sorte de bière où du foin hâché tenait lieu de houblon, et encore n'était-elle destinée qu'aux officiers, qui la buvaient chaude.

Les assiégés firent confectionner un moulin à vent en cuivre qu'ils devaient placer sur les murailles. Dès qu'on en vit les préparatifs dans le camp de l'armée française, on disposa quatre canons pour l'abattre au premier tour qu'il ferait, ce qui ne tarda point à être exécuté : les assiégés auraient bien dû le prévoir.

En effet, le lendemain, Louis XIII revenait au camp; il

s'arrêta avec son frère pour voir le moulin, qui tournait déjà depuis une heure; on attendait l'arrivée du roi pour pointer les quatre pièces de canon. Quand cette opération fut terminée, le roi vit renverser les toiles, les roues, la meule et le moulin ; il ne resta plus rien après vingt coups de canon.

Aussitôt que ce moulin fut culbuté, le duc d'Orléans ordonna de rapprocher de la place le pont de bateaux établi à Vaire-sous-Corbie, parce qu'il était hors des retranchements. Les assiégés envoyèrent un tambour dans le camp de l'armée française, chargé d'offrir pour douze rixdalers des chevaux qui seraient estimés valoir trois cents livres.

On apprit par un espion français que, la veille, le cardinal-infant, le prince Thomas et Piccolomini avaient dû se rencontrer au Mont-Saint-Éloy, près d'Arras, afin de s'entendre sur les mesures qu'ils devaient prendre relativement au sort des leurs dans Corbie, ou s'ils les secourraient, ou s'ils les abandonneraient.

Le bruit courut dans l'armée française que les assiégeants attendaient un secours de trois mille hommes d'infanterie commandés par le colonel Gœutz. Les maréchaux de camp du Hallier et la Force partirent le même jour à la tête de douze cents cavaliers pour protéger les quatorze cents chariots que conduisaient les fourrageurs; ils les menèrent « en des lieux que les ennemis avaient conservés pour eux en cas qu'ils voulussent se rapprocher de Corbie. » Les fourrageurs revinrent le lendemain sans avoir rencontré de troupes ennemies; ils ramenaient du fourrage pour quatre jours.

Louis XIII retournait au camp le 14 et faisait disposer trois ponts de bateaux près de celui que l'on avait déjà établi à Aubigny, dans le but de porter plus promptement secours au duc d'Orléans si son quartier venait à être attaqué. Il ordonna également que les forts et les retranchements fussent occupés par des soldats au fur et à mesure qu'ils seraient construits. Enfin il indiqua un lieu où devaient s'assembler les régiments et les compagnies lorsque l'on viendrait à crier : « Aux armes ! »

Un habitant de Corbie, étant sorti de la ville, rapporta dans le camp que, pendant quatre jours, on avait été sans pain parce que les moulins à bras ne fonctionnaient plus, mais qu'on les avait raccommodés l'avant-veille, et que la veille on avait donné demi-ration aux soldats pour eux et pour leurs femmes, car ils étaient presque tous mariés. La nourriture ordinaire consistait en blé bouilli fricassé avec de l'huile de chènevis.

L'alarme fut assez grande dans le quartier du roi le 14 octobre, depuis six heures du soir jusqu'à minuit. Le feu prit en quatre endroits. Ce fut d'abord dans le corps de garde des Suisses, où se trouvait la compagnie de Chaufstein; les armes, les bagages et les habits furent brûlés.

Pendant que l'on cherchait à éteindre cet incendie, un autre était signalé au quartier de Guitault; la flamme consumait neuf maisons. Un troisième éclatait ensuite au quartier de la colonelle, mais on s'en rendit bientôt maître, et il n'y eut qu'une maison de brûlée.

Le quatrième incendie prit « derrière la maison du roi, qui, suivant ses soins ordinaires, a donné lui-même les ordres nécessaires pour sauver le quartier, qui courait grand risque d'être entièrement brûlé sans la vigilance du roi, qui ne se lasse point de produire tant de bons effets pour le bien et la conservation de ses peuples. On ne sut d'où vint ce feu; l'intervalle et suite du temps et la différence des lieux font croire qu'il y a été mis exprès par des personnes envoyées à cet effet. »

Dans la nuit du 15 au 16, le bruit se répandit dans le camp

que Jean de Werth s'avançait avec quatre mille cavaliers et deux mille dragons pour tenter de jeter quatre moulins à bras dans Corbie. A cette nouvelle, le comte de Soissons se porta avec la cavalerie légère sur le champ de bataille que le roi avait choisi précédemment. Le duc d'Orléans resta dans son quartier et fit mettre toute son infanterie sous les armes ; le canon fut attelé ; la noblesse d'Amiens accourut au camp. Le roi monta à cheval, mais on ne tarda pas à savoir que les ennemis n'avaient point paru. Cependant ce n'était pas une fausse alerte, car on apprit quelques jours plus tard, par un prisonnier qui s'était échappé, que Jean de Werth avait essayé de jeter quatre moulins dans Corbie.

Toute l'armée était restée sous les armes jusqu'à la pointe du jour. Un prisonnier, arrivé le 16, déclara que le cardinal-infant avait fait donner environ quatorze mille écus à Piccolomini et six mille à Jean de Werth, et qu'en même temps il avait fait distribuer de l'avoine pour trois jours à l'armée qui se trouvait près d'Arras.

On rapporte qu'à cette occasion un officier français, Desroches-Baritault, ayant été fait prisonnier par Piccolomini, apprit que les Hispano-Impériaux devaient livrer bataille ; il manifesta avec tant de sincérité la douleur qu'il éprouvait de ne pouvoir servir le roi de France en cette circonstance, que Piccolomini en fut touché ; il lui rendit la liberté sans autre condition que celle de reprendre sa captivité s'il n'y avait pas de bataille. Or, Corbie s'étant rendue sans qu'il y eût eu combat, Desroches-Baritault retourna vers Piccolomini, suivant l'engagement qu'il en avait pris ; mais le général ennemi fut tellement satisfait du procédé de ce loyal officier, qu'il lui accorda la liberté définitive sans rançon.

Louis XIII, apprenant cet acte généreux, ne voulut point demeurer en frais de générosité envers Piccolomini ; il lui renvoya six prisonniers espagnols, pris parmi les principaux officiers, sans exiger de rançon.

On apprit, le 17 octobre, que Jean de Werth tenait la campagne avec trois mille cavaliers et deux mille dragons. Ces derniers étaient des mousquetaires à pied que des cavaliers armés à la légère prenaient en croupe et qu'ils faisaient descendre pour combattre.

Le cardinal de Richelieu, le comte de Soissons, le duc d'Angoulême et le marquis de la Force, se trouvant au camp du roi, tinrent conseil à ce sujet. L'ordre fut donné à toute l'armée de se tenir sous les armes. On sut par cinq Wallons sortis de la ville que les assiégés manquaient de graisse, de sel, de chandelle et de médicaments pour les malades et les blessés ; qu'ils marchaient pieds nus parce qu'ils n'avaient plus de cuir; qu'enfin le gouverneur était très malade depuis quinze jours.

Les assiégés avaient dû être avertis du dessein de Jean de Werth; mais, n'ayant reçu aucun avis officiel, ils firent une sortie, dont le but était de jeter quelque trouble dans les lignes françaises. Six cents cavaliers s'avancèrent sur les vedettes de la compagnie de chevau-légers du cardinal-duc, qui sortit de son poste et repoussa vigoureusement les ennemis jusque dans les contrescarpes de la place. Si les assiégés n'osaient pas s'avancer trop près des lignes françaises dans la crainte d'être attaqués corps à corps, les assiégeants ne sortaient guère de leurs retranchements pour ne point se mettre à la portée des canons de la ville, braqués sur eux. Dans cette petite escarmouche, les soldats français prirent quelques chevaux aux Espagnols; mais un capitaine du régiment de Navailles, qui se trouvait devant la hutte de son mestre de camp, fut atteint d'un boulet qui l'emporta.

Les soldats, en rentrant dans leurs quartiers, apprirent,

sur le soir, que les huttes du régiment de la Marine étaient en feu. Malgré les secours qui arrivèrent de toutes parts, les tentes, les armes et les bagages devinrent la proie des flammes. Des soldats malades, n'ayant pu fuir, périrent au milieu du camp; en outre, le feu se communiqua à un mortier chargé de bombes, qui, en éclatant, tuèrent quelques hommes et en blessèrent plusieurs autres, notamment un capitaine au régiment de Picardie, qui mourut le lendemain d'une blessure au ventre.

Dans une lettre écrite au roi le 19, Richelieu l'informait que la nouvelle de l'incendie du fort de Fontenay ne l'avait point surpris, parce que les huttes des soldats étaient trop serrées.

D'après une lettre du chancelier Séguier à Matthieu Molé, datée d'Amiens du 19 octobre, l'effectif des troupes françaises campées devant Corbie se trouvait être de vingt-six mille fantassins et de neuf mille carabiniers, mais la saison était fort préjudiciable aux soldats. « Il faut bien espérer des affaires, disait Séguier; la cause est juste, le roi défend ses États et le domaine de sa couronne. Les ennemis sont toujours fort pressés de plusieurs incommodités à l'apparence et devraient se rendre promptement; mais les étrangers souffrent souvent jusqu'à de grandes extrémités. »

Malgré la pluie, qui ne cessa de tomber pendant toute la journée du 19, les assiégés firent une sortie dans le but d'attirer les Français près de la ville, suivant la tactique qu'ils semblaient avoir adoptée; mais il n'y eut qu'une petite escarmouche. Quelques paysans qui faisaient paître leurs chevaux sur la rive des fossés de la ville furent pris par les ennemis.

En visitant le camp le 20 octobre, Louis XIII reçut la visite de son frère, qui devait aller coucher à Amiens pour se rendre à Paris le lendemain et, de là, à Blois. Ses tentes servirent provisoirement de corps de garde.

Déjà vingt-huit pièces de canon étaient placées dans les lignes de circonvallation ; douze autres devaient y être installées sous deux jours.

Dans cette journée du 20, les assiégés tirèrent plus de six cents coups de canon sans atteindre personne, et, pendant la nuit, ils lancèrent continuellement des grenades et des bombes sans plus de succès.

Le roi avait ordonné de faire le recensement général des troupes, ce qui permit de constater qu'il y manquait fort peu de soldats. Il passa la revue de l'infanterie, qu'il trouva en fort bon état ; il lui assigna ensuite les campements qu'elle devait occuper dans les lignes, puis il donna différents ordres à la cavalerie.

La journée du 21 se passa sans incident, sauf un incendie qui se déclara au corps de garde du fort d'Orléans; mais on en eut bientôt raison.

Le 22 octobre, il restait encore plus de deux cents toises d'ouvrages à achever pour que la circonvallation fût terminée ; aussi, Richelieu, dans une lettre qu'il écrivait à Chavigny le même jour, s'en plaignait-il d'autant plus vivement qu'il venait d'apprendre que les assiégés en profitaient pour sortir de la ville et passer en bateau entre Vaire et Fouilloy.

Le cardinal se plaignit encore des sommes considérables que l'on avait employées pour les travaux de circonvallation, estimant le total déjà dépensé à plus de cent mille livres ; enfin il trouvait exorbitantes les quarante-deux mille rations de pain que l'on délivrait ; il ajoutait que c'était « un abus insupportable, non seulement pour la dépense, mais parce que cela consomme tous les blés du pays, où bientôt il n'y en aura plus, et il est certain que c'est tout s'il y a des gens pour la moitié. »

Un soldat de la compagnie de Miche, qui avait été fait prisonnier, s'étant évadé, revint au camp et déclara que les ennemis comptaient venir devant Corbie sous six jours avec toute leur cavalerie et quatre mille dragons dans le but de jeter des moulins dans la place et d'y faire entrer soixante hommes de métier que demandaient les assiégés. « Il assura de plus que les troupes de Piccolomini et de Jean de Werth n'avaient point voulu prendre d'argent, comme celles de Flandre, parce qu'on les voulait par là obliger à vivre dans l'ordre, et elles n'y veulent pas vivre, aimant mieux voler que d'avoir de l'argent et vivre dans la discipline ; elles traitent le pays où elles sont comme elles ont traité la Picardie. Aussi Jean de Werth voulant aller loger dans un village, les paysans se retirèrent dans l'église, tirèrent sur ses gens et en tuèrent quarante ; ce que voyant, Jean de Werth fit mettre le feu et brûla tout le bourg. »

Le soir du 22 octobre, un homme, étant sorti de Corbie, assura que le gouverneur était mort, et que la garnison ne s'entendait point pour lui donner un successeur.

Dans la nuit du 22 au 23, l'armée française apprit par un exprès envoyé de Doullens qu'un corps ennemi de cavalerie assez puissant venait de traverser Pas (en Artois) ; les soldats restèrent sous les armes depuis deux heures du matin jusqu'à une heure de l'après-midi. Le roi avait envoyé des batteurs d'estrade, qui ne découvrirent rien, sinon un espion que le commandant de Corbie dépêchait au prince Thomas. Il était porteur d'un livre d'heures qu'il devait remettre au prince en lui indiquant les points marqués à ce verset : *Fiat misericordia tua, Domine, super nos, quemadmodum speravimus in te*, et à cet autre verset : *In te, Domine, speravi.* On sut aussi par cet envoyé que le gouverneur, mort l'avant-veille, avait été remplacé par le sergent-major.

Le 24, Louis XIII se rendit à Amiens, où il coucha. Pendant son absence, le comte de Soissons eut la surveillance de tout le camp ; il en profita pour donner l'ordre à quelques troupes d'essayer l'attaque de la place par quatre côtés à la fois, ce qui se fit le soir. Les Espagnols en furent tellement effrayés qu'ils tirèrent le canon pendant toute la nuit sur les troupes françaises ; celles-ci les entendaient crier à chaque instant : « A moi ! à moi ! Les voici ! » car ils se figuraient sans cesse voir les assiégeants monter à l'assaut de tous côtés.

Louis XIII tint un conseil de guerre dans la matinée du 25 octobre, à Amiens. Il apprit dans cette ville que Jean de Rambures venait de faire une incursion en Artois et qu'il avait brûlé huit villages dans les environs d'Arras. Il apprit également la défaite d'une compagnie de chevau-légers italiens par les soldats de la garnison de Guise.

Richelieu profita de l'arrivée du roi à Amiens pour l'engager à prendre quelque repos ; il lui fit observer que les travaux de circonvallation étaient terminés ou à peu près, et que la peste et la dyssenterie décimaient les troupes de son quartier. Le cardinal insista fortement auprès de son maître pour qu'il allât passer quinze jours à Chantilly; mais Louis XIII ne voulait point quitter l'armée. Il fallut que les seigneurs de sa cour et les principaux officiers appuyassent les raisons que faisait valoir Richelieu, pour qu'il consentît enfin à partir. Son départ fut fixé au 27 octobre.

Louis XIII convoqua son conseil pour le 26, à l'effet d'aviser aux moyens à prendre pour activer le siège de Corbie, et quelle serait l'attitude que l'on tiendrait durant son absence. Deux courants d'opinion se firent jour dans ce conseil. Les uns, et parmi eux Richelieu en tête, étaient d'avis de prendre

Corbie par la force, faisant valoir que l'hiver approchait, que les Français étaient délicats, qu'ils souffriraient beaucoup dans leurs campements, tandis que les Espagnols avaient encore d'importantes provisions de blé, de sel et de chevaux, et que, par-dessus tout, ils étaient bien plus robustes et beaucoup plus aguerris que les soldats français. Ce dessein entrait d'autant plus dans le caractère énergique du cardinal que ce dernier savait que les grands, comme le peuple, étaient fort mécontents et s'en prenaient à lui seul pour l'accuser d'être l'auteur de la guerre qui avait amené les Espagnols presque jusqu'aux portes de Paris.

D'autres membres du conseil, pour combattre les raisons émises par Richelieu, représentèrent qu'en attaquant la place rien n'était moins certain qu'on pût s'en emparer, et que, dans ce cas, ce serait s'exposer inutilement à perdre une partie des troupes ; que l'on devait laisser terminer les travaux de circonvallation ; au surplus, la saison était encore assez favorable pour attendre, et qu'alors le succès ne serait point douteux ; si la place ne se rendait pas par famine, il serait toujours possible de procéder à une attaque en règle poussée vigoureusement.

Le roi partageait l'avis de Richelieu. Il fut décidé dans le conseil que l'on établirait trois batteries sur la rive droite de la Somme et une quatrième en face de Fouilloy. Cette dernière était d'autant plus urgente que les ennemis en dressaient une de ce côté, en sorte que « celui des deux partis qui aura plus tôt achevé fera grand tort à l'autre. »

Le gouverneur de Doullens envoya un exprès au camp du roi, dans la nuit du 26 au 27, pour prévenir les troupes françaises que les Espagnols venaient de quitter Arras au nombre de six mille cavaliers et autant de mousquetaires, menant à leur suite huit petites pièces, cent cinquante voitures chargées de farine, de médicaments, d'habits, de souliers, de lard, de beurre, d'huile, de chandelles, de moulins à bras, etc., qu'ils devaient essayer de jeter dans Corbie. A cet effet, ils s'étaient munis d'un certain nombre de petits bateaux afin de pouvoir traverser la Somme. Leur projet paraissait être celui-ci : pendant qu'une partie de leurs troupes attaquerait les retranchements de l'armée française, une autre partie se dirigerait au-dessous de Corbie avec les barques et traverserait la rivière pour pénétrer dans la ville.

Quoiqu'on estimât, dans l'armée française, que ce projet fût impossible à être mis à exécution, Louis XIII n'en donna pas moins l'ordre au comte de Soissons de se poster au pont de Vaire-sous-Corbie avec deux mille fantassins et six cents cavaliers. Les troupes du maréchal de Châtillon furent prévenues de se tenir sous les armes et de se mettre en communication avec celles du comte de Soissons. Le reste de la cavalerie et les régiments des gardes et des Suisses eurent pour mission de se mettre à la tête du quartier royal ; ces dernières troupes reçurent enfin l'ordre de marcher sur Vaire dès que les ennemis seraient signalés.

Le comte de Soissons fit partir des éclaireurs, et, une heure plus tard, un carabin de la garnison de Béhencourt arrivait au camp pour signaler la présence, aux environs de ce village, de cinq escadrons ennemis. Cent soixante éclaireurs partirent dans la direction de Béhencourt, d'où ils ne tardaient pas à revenir, déclarant n'avoir rien vu ni rien entendu. Quoi qu'il en soit, le roi put constater que ses soldats étaient animés d'un beau zèle, et que si les Espagnols se présentaient pour essayer de ravitailler la place, le passage serait vivement défendu.

Louis XIII devait quitter le camp le 27, mais il retarda son départ ; il craignait que les ennemis ne se présentassent en force la nuit suivante. Ce qui parut lui faire croire à une tentative de cette nature, fut une sortie faite dans le jour par quatre cents fantassins et soixante cavaliers de la garnison de Corbie. La garde à cheval, un instant troublée, avait perdu contenance et se vit repoussée jusqu'à plus de deux cents pas des lignes ; mais quand les assiégés aperçurent l'infanterie française venant au secours de la cavalerie, ils rentrèrent dans la ville ; les Espagnols ne perdirent que deux cavaliers.

Cédant enfin au désir de ses officiers et des seigneurs de sa cour, qui lui représentaient le danger qu'il courait en continuant à demeurer au milieu des malades que la peste frappait dans son quartier, Louis XIII consentit à s'éloigner du camp le 28 octobre. Le marquis de la Force l'accompagna, afin de ramener de Pontoise les recrues qui devaient renforcer l'armée française.

Comme le siège de Corbie se faisait avec assez de lenteur, au gré de quelques officiers, l'un d'eux, Isaac Arnauld, eut l'intention d'aller rendre visite à la marquise de Rambouillet. Le lendemain du départ du roi, Arnauld quittait Harbonnières, où il campait. Cette absence lui était d'autant plus facile que ses carabins, logés à Feuquières et à Harbonnières, ne se rendaient au camp devant Corbie que tous les huit ou dix jours pour relever la garde de cavalerie.

Trois jours avant la Toussaint, Isaac Arnauld partait donc avec Antoine Arnauld et l'un des oncles de ce dernier. Le lendemain, ils arrivaient chez Mme de Rambouillet, où leur venue causa autant de surprise que de joie. « Il n'y a que messieurs Arnauld au monde qui soient capables de faire de ces tours-là pour leurs amis, » s'écriait sans cesse le marquis de Pisani.

Comme ces officiers ne devaient rester que trois jours à Rambouillet, on voulut employer le temps de la façon la plus agréable ; quelqu'un proposa de jouer une comédie, ce qui eut lieu. « Cette partie de plaisir, dit l'abbé Arnauld dans ses *Mémoires*, nous fit achever notre siège plus gaiement que nous n'eussions fait. »

Le même officier rapporte un autre incident qui aurait pu avoir des conséquences fâcheuses. Il devait se rendre de Feuquières au siège de Corbie avec l'un de ses parents pour y relever la garde. La nuit était noire et le temps pluvieux ; craignant de s'égarer, ils prirent pour guide le jardinier du château de Feuquières, qui connaissait bien le pays. Au bout de cinq heures de marche par des chemins affreux et par un temps détestable, leur guide, qui s'était perdu, les ramenait à Harbonnières; mais, en s'apercevant de son erreur, il eut la prudence de s'enfuir pour éviter le mauvais parti que pourrait lui faire le mestre de camp.

Le lendemain du départ du roi, le comte de Soissons fit le tour du camp pour en visiter les travaux ; on vint lui dire que la nuit précédente des éclaireurs avaient trouvé sept moulins d'acier cachés dans des hottes au milieu du bois de Heilly.

Des soldats du régiment d'Egfeld, qui avaient été faits prisonniers et qui s'étaient échappés, confirmèrent l'exactitude du rapport sur le mouvement de l'armée ennemie dont il avait été question précédemment ; toutefois, ils ajoutèrent que l'intention de Jean de Werth n'avait point été de secourir Corbie, mais seulement de couvrir ses troupes pour « qu'elles fussent un peu avancées dans le pays avant qu'on le pût savoir en notre armée, de peur que notre cavalerie ne fît quelques courses dans leur pays, et, trouvant des soldats écartés, ne leur donnât sur les oreilles. »

Dès que le comte de Soissons eut appris cette nouvelle, il envoya une partie de ses soldats dans plusieurs places fortes des environs pour qu'ils pussent prendre du repos ; il ne faisait, du reste, en cela, que se conformer aux instructions du roi.

Le 29 octobre, Richelieu écrivait à Chavigny, secrétaire d'État : « Ceux de Corbie ne se veulent rendre que par force ; la raison ne peut rien sur eux, et si, avant que de se rendre, ils pouvaient faire périr ceux qui les attaquent, ils le feraient assurément. »

Le même jour, le cardinal écrivait au comte de Soissons pour lui donner quelques instructions et le féliciter sur la continuation des travaux qu'il espérait voir terminer pour la Toussaint ; il lui faisait observer que les cavaliers se montraient fort négligents dans la garde qu'ils avaient à monter, et priait ce général de faire preuve d'une grande sévérité en cet endroit.

Le 31 octobre, le comte de Soissons faisait ouvrir des tranchées jusqu'aux batteries. Quelques Espagnols sortirent de la place pour les reconnaître, mais ils n'osèrent en approcher à moins de deux cents pas ; ils se bornèrent pour ce jour à cette simple reconnaissance.

De son côté, le maréchal de Châtillon faisait activer sans relâche la continuation des travaux. Il fit établir des redoutes, dresser des batteries et ouvrir des tranchées pour y accéder. Mais ces différents travaux n'avançaient pas aussi vite que l'aurait désiré Châtillon, quoiqu'il fît travailler le jour de la Toussaint.

Pendant la nuit, le comte de Soissons fut informé par le gouverneur de Doullens que les Espagnols s'étaient avancés jusqu'à deux lieues d'Albert ; il donna l'ordre aux troupes de se tenir prêtes au premier signal et envoya des batteurs d'estrade à la découverte; mais ces derniers revenaient bientôt et déclaraient n'avoir rien vu. C'était encore une fausse alerte, car les ennemis avaient souvent recours à ces faux bruits dans l'espoir que les assiégés en profiteraient pour faire une sortie.

Le 2 novembre, les travaux de circonvallation étaient entièrement terminés. Désormais le siège allait être poussé en règle et d'une façon vigoureuse. Toutes les batteries que faisait dresser Châtillon étaient en état de servir; quant à celles du maréchal de la Force, qu'il avait établies du côté de Fouilloy, elles tirèrent pendant toute la journée.

Voici en quoi consistaient les travaux exécutés par l'armée française autour de Corbie :

La ville fut entourée d'un fossé large de dix-huit pieds et profond de neuf; les terres qu'on en avait extraites étaient rejetées sur un côté, où elles formaient une masse dont le talus avait dix pieds et la largeur vingt pieds à la base. A l'extérieur, elle était soutenue par des pieux. On pourra se faire une idée de ce que devait être cette masse lorsqu'on saura qu'elle se composait de plus de quatorze mille mètres cubes.

Du côté de la rivière d'Ancre, à l'est, on avait d'abord fait un retranchement de six pieds de hauteur, entouré d'un fossé d'une profondeur de neuf pieds; mais les eaux du marais enlevèrent bientôt cet ouvrage, qui n'était point assez solide. C'est alors que Richelieu fit exécuter de ce côté une seconde ligne de circonvallation de dix-huit pieds de largeur et de neuf pieds de profondeur ; elle commençait à la colline dont nous avons parlé et aboutissait à la rivière d'Ancre. En outre, un ingénieur fut chargé de tracer de ce côté deux forts qui devaient être entourés d'un fossé de vingt-quatre pieds de largeur et de neuf pieds de profondeur. Enfin, trois redoutes devaient être établies entre ces deux forts et les retranchements.

Huit forts avaient été construits autour de la place. Le fort d'Orléans, qui se trouvait au nord, sur la colline, était fermé par une palissade faite de pieux de huit pieds en terre et quatre hors de terre, et d'autres pieux plantés en terre, aigus et pointus par les bouts, avaient été placés à un demi-pied les uns des autres. Du même côté se trouvait le fort de Châtillon. A l'ouest, il y avait le fort de Chartres ou de Fontenay et le fort de Richelieu. Les quatre autres forts, ceux de du Hallier, d'Aubigny, de Saint-Louis et de Tonnerre, se trouvaient à l'est et au sud.

Comme les travaux de circonvallation se trouvaient alors entièrement achevés, il allait donc falloir prendre une détérmination, ou se contenter de faire le blocus de Corbie pour réduire la place par la famine, ou l'attaquer de vive force. Le maréchal de Châtillon voulait employer ce dernier moyen, qui était aussi celui que préférait Richelieu. Toutefois, ce fut Vignoles, vieux maréchal de camp du roi Henri IV au temps de la Ligue, qui parla le premier d'attaquer Corbie par la force, répondant sur sa tête que la place ne résisterait pas quinze jours ; mais il ne fut pas témoin du succès de sa proposition : il mourut d'une dyssenterie quelques jours après.

On dépensa des sommes importantes pour faire le blocus de Corbie, et, le 1er novembre, Richelieu demandait encore au roi, outre le montant de la montre, deux cent mille livres, plus quatre-vingt mille livres que Châtillon réclamait pour des travaux qu'il voulait faire exécuter avant l'attaque. Ce dernier, qui disposait déjà de vingt pièces d'artillerie, en désirait dix de plus. Richelieu lui en fit parvenir six de Calais et deux d'Abbeville ; il lui fit aussi expédier de Rouen, pour le 3 novembre, soixante-dix milliers de poudre, avec la promesse de lui en faire envoyer une égale quantité sous très peu de jours.

Dès le 2 novembre, avons-nous vu, les assaillants attaquaient la place. Dans la nuit du 3 au 4, un lieutenant du régiment de Vaubecourt avait reçu mission de donner une fausse alerte aux assiégés. Il s'avança avec dix mousquetaires jusqu'à une demi-lune, où il pénétra ; il y tua les huit Espagnols qui la gardaient et rentra au camp avec ses dix hommes. A cette attaque, le cri « Aux armes ! » retentit bientôt dans toute la ville. Les soldats de la garnison et les habitants se précipitèrent sur les murailles ; ils restèrent sous les armes pendant toute la nuit, tirant continuellement sur les assiégeants.

Le 4 novembre, les Français recevaient des canons et des munitions de guerre, telles que poudre, boulets, balles et tout ce qui était nécessaire pour la continuation du siège. Les officiers recommandèrent à leurs soldats de ne point perdre leur temps à peser et à charger, car il fallait avant tout empêcher les assiégés de réparer les brèches.

Le même jour, un Wallon sorti de Corbie apprit dans le camp des assiégeants que cette place n'était plus défendue que par huit à neuf cents soldats, le reste des assiégés étant ou mort ou malade.

Grâce à l'activité du maréchal de Châtillon, on était déjà près de la contrescarpe, et, le 6 novembre, les travaux étaient tellement avancés qu'on approchait des fossés de la ville. Les arrière-lignes se trouvaient à une distance de soixante pas au plus, ainsi que les autres ouvrages en terre, tous aussi élevés que solides, et qui, de cent pas en cent pas, présentaient un flanc de quarante pieds. Des redoutes larges, hautes, assez vastes pour contenir cent fantassins, protégeaient et couvraient ces ouvrages et défendaient les soldats contre les canons de la place. On avait aussi disposé du côté de Fouilloy quatre batteries de huit canons et une autre de dix vers le fort de Châtillon. D'autres batteries de huit canons avaient été dressées en différents endroits autour de la ville, principalement en face des demi-lunes et des portes.

L'ordre avait été donné de ne se servir des batteries que lorsque toutes les tranchées seraient ouvertes.

Richelieu arriva au camp le 6 novembre; il y fut tenu un conseil qu'il présida et auquel assistèrent le comte de Soissons, les maréchaux de la Force et de Châtillon et tous les maréchaux de camp. Les membres composant ce conseil décidèrent que l'on ferait hâter les derniers travaux du siège, et, en conséquence de cette décision, des bombes, des mortiers, des grenades, des pontons, des échelles et autres instruments indispensables pour un assaut furent préparés avec la plus grande diligence.

Les officiers voulaient agir avec lenteur et affamer la place; mais Richelieu, dont l'avis l'emporta, fut pour les mesures énergiques : « Sachez, dit-il, une chose trop connue, c'est que nous avons toujours prévalu sur l'ennemi par la force, et lui sur nous par la patience. »

Suivant le cardinal, toute l'armée, officiers et soldats, était d'avis d'attaquer la place au plus tôt, reconnaissant qu'il n'y avait que ce moyen d'en avoir raison. Le comte de Soissons seul se garda de faire connaître son sentiment.

Dans une lettre écrite le 7 novembre, Richelieu paraissait presque certain du succès ; aussi estimait-il que la présence du roi était nécessaire au camp cinq ou six jours avant la reddition de la place, qu'il ne croyait assurément pas aussi prochaine. En effet, le lendemain, il écrivait à Chavigny qu'il fallait attendre jusqu'au 15 avant de formuler une opinion, mais il espérait que Corbie aurait capitulé pour la fin du mois.

Le 7, on apprit par un Wallon sorti de la place qu'il mourait tous les jours de quinze à vingt soldats, et que la famine ne tarderait point à se faire sentir dans toute son horreur. Le nombre des soldats valides de la garnison était à peine de neuf cents.

Les tranchées que le maréchal de Châtillon faisait ouvrir par ses troupes allaient atteindre la contrescarpe. Les canons ne cessaient de tirer; déjà les murs de la ville étaient endommagés, et les pièces des ennemis renversées. Eux-mêmes, exténués par les veilles, les fatigues, la faim, la misère et les maladies, ripostaient faiblement au feu continuel des batteries françaises.

En effet, aucun mousquetaire ne tirait, aucun assiégeant ne paraissait sur les murailles; mais, en revanche, les canons de la place lançaient constamment des boulets dans le camp des assiégeants. Comme les pièces étaient pointées au hasard, les boulets portaient tous à faux, de sorte que le but des assiégés consistait seulement, ainsi qu'on le remarqua, à épuiser leurs munitions pour qu'il n'en restât plus dans la ville le jour de sa reddition.

Le 9 novembre au soir, un tambour sortit de la place et se rendit au quartier de Fontenay-Mareuil. Lorsqu'il fut en présence de Fontenay, il l'informa qu'il était envoyé par le gouverneur de Corbie, lequel demandait à capituler, si on ne lui faisait point de conditions trop dures.

Fontenay fit conduire cet envoyé au maréchal de Châtillon, parce que le quartier du comte de Soissons était trop éloigné; mais il fit aussitôt partir des exprès pour en informer Richelieu, le duc d'Orléans et le comte de Soissons.

Châtillon répondit au tambour que le gouverneur pouvait, en toute sécurité, lui envoyer des députés pour traiter. Le tambour fit observer qu'il était trop tard pour qu'ils vinssent le même jour, et demanda la cessation de tout acte d'hostilité jusqu'au lendemain, ce qui fut accordé.

Le 10, un officier espagnol, accompagné d'un autre officier, sortait de la ville et se rendait à la tente de Châtillon. Après qu'il eut montré ses pouvoirs, l'officier espagnol demanda à ce qu'il fût permis au gouverneur de Corbie de faire connaître au cardinal-infant l'état dans lequel se trouvait la ville, et que si, dans un délai de huit jours, il ne lui était envoyé aucun secours, il rendrait la place, posant pour dernières conditions que la garnison sortirait tambour battant, enseignes déployées et mèches allumées. Ces deux officiers réclamèrent enfin le droit d'emmener deux canons et des chariots en quantité suffisante pour transporter leurs malades et leurs bagages à Arras, où ils comptaient se retirer.

Après ces conditions posées, les deux officiers sortirent de la tente du maréchal, chez lequel se trouvaient le comte de Soissons, l'abbé de Cinq-Mars, envoyé par Richelieu, les maréchaux de France et les maréchaux de camp.

La majorité du conseil fut d'avis de n'accorder ni les deux canons ni les huit jours de trêve que demandaient les assiégés. Le marquis de Fontenay en informa aussitôt les deux députés ; ceux-ci répondirent qu'avant de formuler leur proposition, ils avaient bien mûri les conditions qu'ils devaient faire pour sortir avec honneur, et que, par conséquent, ils ne céderaient rien sur ce point, d'autant plus qu'ils ne pouvaient rendre la ville sans avoir le consentement du cardinal-infant et sans savoir s'ils ne pourraient être secourus.

Quant aux deux canons que les ennemis demandaient à emporter, il y aurait eu mauvaise grâce à les leur refuser, puisque les Espagnols, comme le rappelèrent les officiers de la garnison de Corbie, avaient accordé pareille satisfaction à toutes les garnisons des villes dont ils s'étaient emparés.

Fontenay-Mareuil retourna à la tente de Châtillon pour rendre compte au conseil du résultat négatif de sa mission. Le comte de Soissons et l'abbé de Cinq-Mars persistèrent à ne vouloir accorder ni trêve ni canons, quoique tous les autres membres du conseil fussent d'un avis contraire.

Du Hallier, envoyé alors vers les députés espagnols, ne fut pas plus heureux que Fontenay.

Les maréchaux de la Force et de Châtillon insistèrent auprès du comte de Soissons pour qu'il consentît à accorder les deux canons et une trêve de trois ou quatre jours. Mais les raisons qu'ils purent faire valoir ne suffirent pas pour vaincre l'obstination du comte de Soissons, qui, ayant d'autres desseins, ne cherchait qu'à rompre le traité et à renvoyer les députés sans conclusion. « Il fallut que les deux maréchaux lui donnassent par écrit que ce qu'il en faisait était à leur supplication, et qu'ils se chargeaient de tout ce que le roi et le cardinal en pourraient dire, consentant à ce qu'on s'en prît à eux. »

On chargea alors le marquis de Fontenay d'aller annoncer aux députés qu'on leur accordait tout ce qu'ils avaient demandé, sauf la trêve de huit jours, que l'on avait réduite à trois jours, ce qui fut enfin accepté non sans discussion de part et d'autre. On accorda encore aux ennemis, « pour leur honneur, un couple de petites pièces. »

Les députés, voulant faire partir leurs exprès dès le soir, demandèrent et obtinrent que le délai de trois jours ne compterait que du lendemain matin. Après cette entente, les assiégés livrèrent trois otages.

Voici les divers articles de la capitulation :

« I. Que toute la milice de Leurs Majestés impériale et catholique, tant de pied que de cheval, sortira de Corbie et des lieux circonvoisins avec leurs armes et bagages, tambour battant, enseignes déployées, mèche allumée aux deux bouts et balle en bouche, qui sera conduite avec bonne escorte jusqu'à Orgiac (Orchies) ;

» II. Que si, dans le temps de trois jours à eux accordé, le secours ne se présente, force et rompe nos retranchements, les otages seront délivrés ; que si non, la milice sortira vendredi prochain de bon matin ;

» III. Ils emmèneront avec eux deux canons de douze livres ; leur seront fournis des chevaux et tout appareil nécessaire, avec dix caques de poudre et de balles à proportion ;

» IV. Seront aussi donnés cent dix chariots avec leurs harnois et chevaux pour porter les malades, les blessés et le bagage jusqu'à Orgiac ;

» V. Que si quelques soldats, femmes ou autres sujets de Leurs Majestés impériale et catholique soient tellement faibles qu'ils ne puissent être transportés, il leur sera donné tout secours jusqu'à ce qu'étant fortifiés et en bonne santé, ils puissent retourner aux lieux du domaine de Sa Majesté catholique ;

» VI. Sa Majesté très chrétienne donnera aussi tout convoi libre et escorte assurée à toute cette milice, leurs gens et attirail susdits jusqu'à Orgiac ;

» VII. Le gouverneur de la garnison de Corbie donnera deux capitaines pour otages dudit convoi des chariots et des chevaux qui leur auront servi jusqu'à leur retour. »

Durant les trois jours de trêve, la moitié des troupes de Fontenay-Mareuil resta sous les armes nuit et jour, parce que si des secours arrivaient aux assiégés, ils devaient passer par son quartier. Le même officier envoya, en outre, des batteurs d'estrade dans toutes les directions et même jusqu'à Arras, afin que l'on pût être averti longtemps à l'avance de la marche des troupes qui pourraient venir au secours de Corbie.

« Les travaux et les actes d'hostilité ayant cessé de part et d'autre, dit un contemporain, les soldats des deux partis s'entrevirent et se parlèrent. Ceux de la garnison de Corbie étaient honteux de demander aux Français du pain, du vin et d'autres vivres nécessaires, ne voulant pas paraître affamés et dans la nécessité ; ils se contentèrent de demander par grâce ou pour de l'argent un peu de tabac. Les nôtres leur donnèrent volontiers ce qu'ils désiraient. »

Mais les entretiens des assaillants et des assiégés ne purent être de longue durée, parce qu'ils furent souvent interrompus à cause du mauvais temps.

Richelieu, écrivant au roi le 14 novembre, commençait ainsi sa lettre :

« Par la grâce de Dieu, Votre Majesté est dans Corbie. »

Il ajoutait :

« Aussitôt que la capitulation a été faite, le temps s'est rendu si mauvais que Dieu paraît visiblement en cette occasion. »

Les assiégés devaient rendre la place le vendredi 14 novembre, au lever du soleil, s'ils n'étaient point secourus.

Au jour convenu, à dix heures du matin, le comte de Soissons envoya un aide de camp pour rappeler aux Espagnols qu'ils devaient remplir leurs promesses et exécuter les conventions : ils répondirent qu'ils étaient prêts. La Meilleraye, grand maître de l'artillerie, fit alors avancer les cent dix chariots qui leur avaient été promis.

Le comte de Soissons avait reçu l'ordre du roi de faire observer scrupuleusement tous les articles de la capitulation, de procéder à l'arrestation des habitants ou des soldats français qui se déguiseraient pour sortir, et de ne laisser enlever aucun meuble appartenant aux bourgeois et aux églises ; il devait enfin veiller à ce qu'il ne se commît aucun excès dans la ville.

Les assiégés n'employèrent pas moins de quatre heures pour charger leurs chariots. Enfin, à deux heures de l'après-midi, ils annoncèrent être prêts à partir. Aussitôt le comte de Soissons fit avancer le régiment des gardes jusqu'à la porte d'Ancre, par laquelle devaient sortir les Espagnols ; c'était également par cette porte que, trois mois auparavant, les ennemis avaient effectué leur entrée dans la place. Toute l'armée française fut disposée en bataille auprès des retranchements, et l'artillerie occupait les chemins.

Tout à coup s'ouvrit la porte d'Ancre ; elle livra d'abord passage à trois compagnies de cavalerie, comptant ensemble quatre-vingt-dix maîtres, plus les valets. Puis venaient les chariots contenant les bagages, les malades, au nombre de cinq à six cents, et quatre cents femmes. Une centaine de soldats servaient d'escorte à ces chariots, dont la sortie s'opérait lentement, parce qu'on ne les laissait point passer deux de front. En outre, les chemins étaient détrempés par les pluies des derniers jours, et les chevaux avançaient difficilement.

On vit sortir ensuite les deux canons qu'avaient réclamés les Espagnols, puis trois charrettes chargées de poudre et de boulets. Aussitôt après commença le défilé dans l'ordre suivant : les Wallons, les Allemands, les Italiens et enfin les Espagnols ; mais on ne remarqua aucun officier italien, parce qu'ils n'avaient point voulu accepter les clauses de la capitulation. Le sergent-major, qui avait rempli les fonctions de gouverneur sur la fin du siège, sortit le dernier, et, en allant saluer le comte de Soissons, il lui dit orgueilleusement qu'il « rendait la place plus forte qu'il ne l'avait trouvée. » C'était avouer qu'elle lui avait été plus facile à prendre qu'à l'armée française.

Tous les soldats espagnols, raconte Fontenay-Mareuil, tenaient à la main un morceau de pain et un morceau de beurre ; c'était une espèce de fanfaronnade particulière à leur nation. Mais s'ils avaient encore des vivres en grande quantité, il faut bien reconnaître que la qualité laissait à désirer, ainsi qu'on l'a vu plus haut.

Le même Fontenay rapporte qu'il avait été chargé d'entrer dans Corbie pour y rester avec les otages jusqu'à ce que l'escorte qui accompagnait les Espagnols fût revenue. Il voulut savoir d'eux la cause qui les avait déterminés à se rendre ; ils lui répondirent ingénument avoir été avertis qu'ils ne pouvaient être secourus, et, d'un autre côté, ils avaient appris que les quartiers d'hiver allaient être distribués. Or, craignant avoir les plus mauvais quartiers s'ils arrivaient après leur distribution, les officiers représentèrent au sergent-major, faisant fonctions de gouverneur, « que ce serait peu d'avantage au roi d'Espagne quand ils tiendraient encore huit ou dix jours de plus, et à eux une ruine totale. » En conséquence, ils supplièrent le sergent-major de rendre la place dans le plus bref délai. On demanda l'avis du capitaine espagnol, « lequel ayant répondu que, puisque c'était celui de tous les autres, c'était aussi le sien, le tambour avait à l'heure même été envoyé. Ce qui doit apprendre aux princes à bien regarder quelles gens ils mettent dans leurs places afin qu'elles soient toujours défendues jusqu'au bout, peu de temps faisant quelquefois grand bien, comme le roi d'Espagne l'aurait vraisemblablement éprouvé si ces gens ne se fussent pas si tôt rendus, car il n'y a guère d'apparence que le roi l'eût prise, ou de longtemps ; ce qui lui eût fait avoir beaucoup d'autres affaires fort dangereuses auxquelles cette prompte reddition donna moyen de remédier. »

Mais ce qui avait surtout contribué à la capitulation de Corbie, ce furent les plaintes de quelques soldats séditieux. « Il est monstrueux, disaient-ils, de nous laisser mourir de faim sans avoir l'espoir d'être secourus. Nous serons massacrés si la place est emportée d'assaut, tandis que nos chefs auront la vie sauve et acquerront de la gloire. Nous sommes aussi faibles que les assaillants sont robustes, et nous ne pourrons jamais résister à leurs attaques. Nous serions bien imprudents d'exposer notre existence pour ceux qui n'en ont nul souci, et, puisque nous devons succomber, qu'on n'attende point l'assaut. »

Voyant la disposition des esprits, le gouverneur se résigna à capituler. Il en était temps. Les plus mutins prêchaient la désobéissance aux officiers, et une émeute était toute préparée.

Si les assiégés eussent montré plus de courage, les soldats français, loin d'être aussi robustes que se l'imaginaient les ennemis, seraient encore restés bien longtemps devant la place avant de s'en rendre maîtres, car les nouvelles troupes d'investissement se composaient en grande partie de Parisiens, peu accoutumés à la fatigue, très délicats et très difficiles pour la nourriture ; les Français ne pouvaient plus tenir la campagne. L'hôpital de Saint-Acheul était rempli de blessés ; toutes les routes d'Amiens à Paris étaient encombrées de morts et de mourants.

Au début du siège de Corbie, la garnison qu'y avaient laissée les Espagnols se composait de cinq escadrons de cavalerie de chacun cinquante hommes et de trente-quatre régiments d'infanterie de cent hommes. Trois mois après, lors de la capitulation, cette belle garnison se trouvait notablement réduite. Des deux cent cinquante cavaliers, il en restait un cent à peine. Des trois mille quatre cents fantassins, il ne s'en trouvait plus que douze cents qui fussent valides ; six cents étaient malades, le reste était mort.

Le comte de Soissons avait reçu l'ordre du roi de ne retirer les troupes des travaux de circonvallation qu'après la démolition de tous ces ouvrages. Aussi, dès le lendemain de la reddition, les soldats, s'armant du pic et de la pelle, abattaient les levées, remplissaient les fossés, démolissaient les forts et les redoutes. L'activité des travailleurs était si grande, que le 20 novembre il ne restait presque plus traces de ces immenses travaux. Dans ces dernières années, on remarquait cependant encore auprès de Corbie, du côté de Bonnay, de faibles vestiges de ces ouvrages.

Pendant les opérations de la reprise de Corbie, le maréchal de la Force ne joua point un rôle actif, mais ses avis étaient toujours écoutés dans le conseil qui se réunissait fréquemment.

En récompense de ses longs et excellents services, cet officier fut créé duc par le roi en 1637; le 3 août de cette année, il était reçu au Parlement en qualité de duc et pair.

L'année suivante, la Force se trouvait au siège de Saint-Omer avec le maréchal de Châtillon, et, le 7 juillet, il battait l'ennemi dans les conditions qui suivent. Cet officier s'était retranché à Zouafques, petit village situé à quelques kilomètres de Saint-Omer.

Dans les premiers jours du mois de juillet, Piccolomini alla rejoindre avec son armée celle du prince Thomas. Les deux généraux s'approchèrent des retranchements du maréchal de la Force; un renfort de six mille chevaux très bien armés, commandés par le comte de Nassau, vint encore augmenter les forces des deux généraux ennemis.

« Le maréchal de la Force crut qu'ils venaient lui présenter la bataille. Soudain, il prépare son armée, cavalerie, infanterie et artillerie, et marche droit à eux. Comme les ennemis voient cela, ils commencent à faire leur retraite en très bon ordre. Notre cavalerie leur fit quelque charge, de quoi ils ne se trouvèrent pas bien; il y eut quelques escadrons trop chauds, qu'ils ramenèrent battant; aussi étaient-ils beaucoup plus en nombre. Le maréchal s'avance toujours avec le gros sans s'émouvoir, jugeant bien qu'à la fin il en aurait raison. En effet, comme ils approchent de leur retraite, il fallait qu'ils se retirassent en défilant; la quantité de charges qu'il leur avait fait faire les avait amorcés et donné temps à son infanterie de les joindre, et de même à son artillerie d'arriver. Il fit jouer tout cela si à propos que tout fut mis en déroute, et s'embarrassèrent tellement sur leur passage à cause des marais et des grands fossés, que ce fut un furieux carnage ; il y eut plus de deux mille hommes et chevaux tués ou pris. Colloredo entre autres y fut tué. On amena plus de huit à neuf cents chevaux fort bons; les cavaliers étaient contraints de les abandonner pour se sauver à pied dans les marais où les nôtres les allaient tuer, les trouvant embourbés. Cette victoire fut fort glorieuse et de réputation aux armes du roi. Le comte de Nassau se sauva à pied; mais, peu de jours après, il en mourut de déplaisir. Il s'y perdit des nôtres trois capitaines de chevau-légers, deux lieutenants, deux cornettes, fort peu de cavaliers. »

Ce combat eut lieu le 8 juillet 1638, et voici en quels termes la *Gazette* en rendit compte :

« Le 7 juillet, le maréchal de Châtillon ayant envoyé le sieur de Gassion, maréchal de camp servant sous ses ordres, vers le maréchal de la Force pour le prier de lui envoyer deux mille hommes de pied et de prendre le poste d'Éperlecques, qui n'est qu'à une lieue et demie de Saint-Omer, il fut résolu par ledit maréchal de la Force d'aller joindre le lendemain le maréchal de Châtillon avec toute son armée, ne le pouvant plus tôt à cause d'un grand convoi de vivres et de munitions qui ne devait passer que le lendemain à la faveur de notre armée.

» Le 8, l'évêque d'Auxerre étant arrivé près du maréchal de la Force de la part du maréchal de Châtillon pour le même effet, et le convoi s'étant rendu dans le camp du maréchal de la Force une heure après midi, la garde avancée de sa cavalerie lui donna avis que l'ennemi paraissait au delà de Polincove.

Ce qui fut confirmé aussitôt par les fumées qui furent faites sur le clocher de Zutkerque, proche dudit Polincove, où nous tenions des gens, et par le rapport de deux carabins, qui vinrent de Zutkerque et assurèrent le maréchal que toute la cavalerie de l'ennemi avait passé par la digue d'Hennuin qui traverse le marais de Bourbourg. Ce qui fit résoudre le maréchal de la Force à sortir de son camp retranché de Zouafques, avec l'armée en bataille, pour aller combattre les ennemis. Et, ayant donné les ordres du combat au vicomte d'Arpajon, lieutenant général en l'armée, commandant l'avant-garde, il prit l'aile droite et laissa le commandement de la gauche au sieur de Biscarat, maréchal de camp, qui était de jour.

» En cet ordre, le vicomte d'Arpajon fit charger trois ou quatre cents Croates, qui, sans attendre le choc des nôtres, se retirèrent au galop dans le gros de leur cavalerie, laquelle était en bataille derrière Polincove, dans une plaine qui avait à la tête un fossé et une grande haie.

» Incontinent, le vicomte d'Arpajon fit passer ce fossé et la haie à toute sa cavalerie.... Ces troupes, étant passées au delà du fossé, se mirent en bataille sur une même ligne. Aussitôt les régiments de Piémont et de la Marine arrivèrent avec les Enfants perdus tirés au nombre de cinq cents de tout le corps de l'armée ; et alors le vicomte d'Arpajon commanda la charge, tant de l'aile droite que de la gauche, laquelle fut soutenue vigoureusement par douze escadrons de cuirassiers des ennemis, en sorte que partie de notre cavalerie ne les put d'abord enfoncer.

» Cependant les bataillons de notre infanterie, s'étant avancés, firent leur décharge si à propos qu'ils obligèrent la cavalerie ennemie à tourner tête. Après quoi, ayant encore fait ferme à cent pas de là, et le maréchal de la Force étant arrivé en grande diligence avec la bataille (le centre de son armée), le reste des troupes et quatre pièces de canon, commandés par les sieurs de Ponselme et de la Barre, lieutenants de l'artillerie, il en fit tirer seulement quatre coups, qui étonnèrent tellement les ennemis qu'ils commencèrent à vouloir faire leur retraite du côté de la digue d'Hennuin; et alors ils furent chargés à droite et à gauche de telle sorte qu'ils furent entièrement rompus et renversés dans la rivière de Ruminghem, dans les fossés et le marais.

» Il y en a eu de tués sur la place sept à huit cents; de noyés, huit ou neuf cents. Il s'en sauva quelques-uns qui abandonnèrent leurs chevaux, dont il y en eut plus de deux mille cinq cents de pris, le reste des chevaux et cavaliers étant demeurés embourbés dans le marais, car la retraite leur était comme impossible, se trouvant fort pressés par les nôtres et n'ayant autre passage que sur cette digue d'Hennuin, où il ne peut passer que quatre hommes de front. Les prisonniers rapportent que Piccolomini était à la droite et le comte Jean de Nassau à la gauche, et qu'il y avait plus de quatre mille chevaux, tous cuirassés. »

Un grand nombre d'historiens, qui se sont tous copiés les uns les autres, ont oublié ce combat; cependant un récit fort détaillé fut inséré dans le *Mercure français* quelques jours plus tard; nous en extrairons la dernière phrase : « La principale gloire de ce combat et de la victoire est due à l'ordre et à la bonne conduite du maréchal de la Force, lequel, nonobstant son âge de quatre-vingts ans, fut tout le jour armé de toutes pièces, assisté du marquis de Castelnaut, son fils, maréchal de camp. »

Le 19 juillet suivant, le cardinal de Richelieu, écrivant à la Force, le félicitait en ces termes : « Monsieur, espérant avoir le bien de vous voir dans peu de jours, et de vous témoigner de vive voix la joie que j'ai de l'avantage que vous remportâtes dernièrement sur les ennemis au combat que vous eûtes avec eux, et de l'honneur que vous avez acquis en cette occasion, je ne vous dirai maintenant autre chose, sinon que comme il n'y a personne qui vous estime et affectionne plus que moi, il n'y en a point aussi qui vous souhaite plus de gloire que je fais, vous conjurant de croire que je contribuerai avec un soin extraordinaire tout ce qui dépendra de moi pour vous donner lieu d'en acquérir une nouvelle, et pour vous faire connaître que je suis, etc. »

Quelques jours après le combat de Zouafques, les ennemis parvinrent à jeter du secours dans Saint-Omer. Un conseil de guerre ayant été réuni, Châtillon « représenta les malheurs qu'il avait reçus en ce siège, » et pria la Force de lui « donner son bon avis. » Ce dernier fit observer que le succès de leur entreprise lui paraissait incertain, et qu'il serait « plus avantageux au service du roi de ménager ses armées et de les ôter de là, où elles pâtissaient beaucoup. »

La majorité du conseil de guerre fut de l'avis du vieux maréchal; en conséquence, on décida de retirer l'artillerie des batteries et de relever peu à peu les corps de garde établis dans les tranchées. Tout se fit en bon ordre, sans que les ennemis inquiétassent nos troupes. C'était le 15 juillet.

Les deux généraux sollicitèrent ensuite du roi l'autorisation d'assiéger Hesdin, place forte sur la frontière de France. Louis XIII y consentit; mais, quelques jours plus tard, il leur envoya contre-ordre pour les engager à poursuivre les Espagnols et à leur livrer bataille.

Le 31 juillet, la Force et Châtillon se mettaient en marche pour aller assiéger Renty; cette petite place se rendait le 9 août. Deux jours après, un ordre de la cour enjoignait à la Force de la faire raser, parce que l'on redoutait qu'elle ne coûtât trop à garder pour le peu d'utilité qu'elle pouvait offrir.

Le dernier fait de guerre de la campagne de 1638 fut la reprise du Catelet sur les Espagnols, le 14 septembre. Pendant le siège de cette place, Châtillon, tombé en disgrâce, avait reçu l'ordre de quitter son armée; le commandement en revint tout entier à la Force, mais la saison était trop avancée pour rien entreprendre.

Le maréchal de la Force distribua les quartiers d'hiver et séjourna successivement à Hannapes, puis à Guise. Ce fut sa dernière campagne. Il se retira dans son château de la Force, près de Bergerac, où il s'occupa de rédiger des *Mémoires*, que l'on a publiés en 1842. Il mourut le 10 mai 1652, âgé de quatre-vingt-treize ans.

II

Le duc de Châtillon, maréchal de France.

Siège de Saint-Omer (1638). — Prise d'Arras (1640).

GASPARD III DE COLIGNY, plus connu sous le nom de maréchal de CHATILLON, naquit le 26 juillet 1584 ; il était petit-fils de l'amiral de Coligny. A l'âge de dix-sept ans, il était nommé amiral de Guyenne et gouverneur de Montpellier. Il fit ses premières armes en Hollande, où il se forma à l'école des princes de Nassau, qui excellaient dans l'art de prendre les villes. Nommé maréchal de camp à son retour en France, il prenait ensuite part aux guerres des calvinistes dans le Languedoc. En 1622, il s'emparait d'Aigues-Mortes, et reçut en récompense le bâton de maréchal de France.

En 1629, Châtillon retournait en Hollande ; l'année suivante, il faisait la campagne de Savoie, et, en 1635, il était mis à la tête de l'armée de Flandre ; il contribua puissamment à la victoire d'Avein, remportée sur les troupes du prince Thomas de Savoie.

A la suite de ce succès, Châtillon rentra en France. Le cardinal, qui pourvoyait à tout, profita de son retour pour l'envoyer en Picardie commander les forces de cette province, conjointement avec le duc de Chaulnes. Il était temps de prendre cette mesure, car les troupes chargées de défendre la Picardie, étant mal payées, diminuaient de jour en jour.

Le 20 septembre, Richelieu écrivait au roi : « La Picardie est en si grand effroi que j'estime du tout nécessaire d'y envoyer M. de Châtillon, homme de cœur, pour aider à M. de Chaulnes à y soutenir les affaires avec réputation. »

Deux jours plus tard, Châtillon arrivait dans cette province. Le 5 octobre, il écrivait au prince d'Orange pour l'informer que le roi lui avait fait donner l'ordre, par Richelieu, d'aller rejoindre le duc de Chaulnes ; il lui faisait aussi connaître que le premier ministre lui avait promis de faire augmenter son armée de deux mille Allemands et de deux régiments suisses de trois mille hommes chacun, et qu'il pourrait disposer de deux mille cinq cents chevaux. Avec ces troupes, Châtillon comptait bien arrêter les ravages des ennemis ; il espérait même les faire reculer, et il engageait le prince d'Orange à occuper le cardinal-infant du côté de la Hollande, pour qu'il ne pût se porter sur la Picardie avec le gros de son armée. Mais ces belles espérances ne devaient point tarder à faire place à la plus cruelle déception. Richelieu fut loin de tenir les promesses qu'il avait faites : au lieu d'augmenter les forces de Châtillon, il obligea à envoyer en Lorraine quelques régiments de Picardie !

Dans une lettre écrite le 15 octobre à Servien, secrétaire d'État, Châtillon lui apprenait que, le lendemain de son arrivée à Amiens, il était allé rejoindre le duc de Chaulnes à Bettencourt-Saint-Ouen, où celui-ci avait donné rendez-vous aux troupes qu'il avait pu amasser, sans dégarnir trop les places importantes de son gouvernement.

Le 11 octobre, cette petite armée, composée de mille quatre cents cavaliers et de trois mille hommes d'infanterie, quittait

Bettencourt. Elle passa par Doullens pour aller camper en pays ennemi, à Outrebois, où elle arriva le 13 ou le 14 octobre.

Le comte de Frezin, qui avait établi les quartiers de ses Croates sur la rivière de la Canche, recula en Artois et fit camper ses soldats entre Hesdin et Auxi-le-Château. Il avait choisi ce poste dans le but de harceler les troupes françaises entre Montreuil et Abbeville ; mais il n'avait en cet endroit, qu'il fit fortifier, qu'une partie de son infanterie, formant quarante compagnies, représentant un peu plus de trois mille hommes.

Le duc de Chaulnes était d'avis d'attaquer les ennemis et de les faire déloger, mais Châtillon et Vignoles furent d'un avis opposé. Ils représentèrent qu'il était impossible, avec quatre mille fantassins, d'en attaquer victorieusement trois mille bien retranchés et soutenus en outre par leur cavalerie dans un pays où ceux-ci pouvaient, de plus, être secourus. Aussi, le 16 octobre, les soldats français quittaient Outrebois et se portaient entre Abbeville et Auxi-le-Château afin de protéger l'arrivée par Montreuil des pièces de canon venant des Pays-Bas, que l'armée française avait prises à la bataille d'Avein.

L'expédition des maréchaux de Chaulnes et de Châtillon se borna à cette marche. Ils avaient pris quelques petits châteaux qu'ils firent raser et vécu en pays ennemi aussi longtemps qu'ils avaient pu le faire pour empêcher les troupes espagnoles de pouvoir y subsister. Cette diversion, comme le fait remarquer Richelieu, incommoda fort l'armée ennemie qui devait s'opposer à celle des Hollandais.

Le comte de Bucquoy avait reçu pour mission de faire face aux soldats des maréchaux de Châtillon et de Chaulnes ; on lui avait donné le commandement de troupes composées en grande partie de Croates, dont la plus grande valeur consistait à incendier les villages et à en massacrer les habitants.

A la fin du mois d'octobre, les maréchaux de Châtillon et de Chaulnes écrivaient au roi que leur infanterie diminuait « à vue d'œil, » et qu'elle ne pouvait résister aux rigueurs du campement dans une saison aussi avancée. « Nous avons depuis quinze jours, disaient-ils, plus de huit cents malades dans les régiments français, et deux cents pour le moins dans cinq compagnies allemandes, qui commencent de former le corps d'un régiment. Le peu qu'il y avait de noblesse volontaire s'est retiré, et M. de Villequier s'en est retourné à Boulogne avec la cavalerie qu'il avait amenée de son gouvernement. Réduits à trois mille hommes de pied, et à six ou sept cents chevaux tant bons que mauvais, nous ne pouvons plus tenir la campagne. Ce qui nous reste de troupes achèverait de se ruiner, et les ennemis s'apercevraient de notre faiblesse. »

Par cette même lettre des deux maréchaux, on voit que le roi, dans une dépêche du 18 octobre, les avait engagés, « pour la satisfaction du public et même pour sa justice, » à brûler en Artois deux fois plus de villages que les Espagnols n'en avaient brûlé en Picardie. Louis XIII leur avait donné l'ordre de faire publier dans les pays ennemis que c'était par représailles que l'on agissait ainsi, mais que ces incendies cesseraient quand les Hispano-Impériaux n'auraient plus recours à ce moyen honteux de faire la guerre.

L'année suivante, le maréchal de Châtillon prit part au siège de Corbie, mais il n'y joua qu'un rôle secondaire.

En 1637, il était placé à la tête de l'armée de Champagne; il prit successivement plusieurs villes, et reçut, à la fin de la campagne, les félicitations de Richelieu et de Louis XIII.

Trois armées furent mises sur pied en 1638; l'une d'elles, composée de vingt mille hommes environ, fut commandée par Châtillon. Le vendredi 21 mai, cette armée entrait dans l'Artois et allait loger à l'abbaye de Cercamp. Le lendemain, elle arrivait à Saint-Pol, qui se rendit à la vue du canon ; l'arrière-garde, commandée par le comte de Saligny, incendia ce bourg au départ et le réduisit en cendres.

L'armée de Châtillon était à Pernes le dimanche 23 mai ; elle reprenait sa marche le 24, pendant que le maréchal allait reconnaître Aire. Le 25, les troupes françaises prenaient position sur les hauteurs de Blandecques, et s'emparaient du château d'Arques le lendemain. C'est là que Châtillon établit son quartier général.

Dans un conseil de guerre tenu le 27, il fut résolu que l'on commencerait le siège de Saint-Omer. Aussitôt les Français s'emparent du Fort-Rouge sur le Neuf-Fossé. Le 28, ils prennent l'abbaye de Clairmarais, puis Longuenesse, Tatinghem, Salperwick, Tilques et plusieurs autres postes situés autour de Saint-Omer. Le même jour, le château d'Éperlecques, dont la garnison était de deux cents hommes, fut assailli par un détachement de l'armée de Châtillon ; il se rendit après deux jours d'une énergique défense.

Le 27, Châtillon avait donné l'ordre à mille cavaliers et à douze cents fantassins de se trouver le 28, à midi, à la tête de son quartier, pour tenter un coup de main. Mais les troupes n'ayant point été prêtes pour cette heure, l'entreprise fut remise au jour suivant, à la même heure.

Le 29, à midi, les soldats retenus l'avant-veille par Châtillon arrivaient avec deux petites pièces de campagne devant un fort nommé Saint-Momelin, où se trouvait un bac pour passer la rivière d'Aa et le canal de Saint-Omer. La plus grande partie des assiégés s'étaient réfugiés dans ce fort.

Outre les mille cavaliers et les douze cents fantassins amenés par Châtillon, cet officier prit encore quatre cents hommes du régiment de Champagne et autant du régiment des Écossais, qu'il fit soutenir par trois cents hommes du régiment des gardes.

Les assaillants se portèrent si vaillamment sur le fort de Saint-Momelin que les assiégés, ne pouvant soutenir leurs efforts, quittèrent leurs retranchements et se jetèrent en désordre dans un grand bac et dans sept ou huit bateaux qu'ils tenaient prêts pour leur usage.

Les assiégés formèrent alors le dessein de se fortifier de l'autre côté de la rivière, où ils amarrèrent leurs bateaux. Le maréchal de Châtillon fit avancer ses deux petites pièces de canon à l'endroit le plus élevé de la rive opposée, qu'il venait de gagner ; il y plaça divers pelotons de mousquetaires qui délogèrent les ennemis et les forcèrent de se retirer dans la ville, après qu'ils eurent abandonné leurs bateaux. Quelques soldats français se jetèrent à la nage dans la rivière et ramenèrent les bateaux sur l'autre rive ; Châtillon s'en servit pour faire passer deux cents hommes qui se logèrent dans plusieurs maisons de la banlieue et dans un pré fossoyé, puis il ordonna au sieur le Rasle, ingénieur, de faire exécuter le travail qu'il jugerait nécessaire.

Parmi les prisonniers faits en cet endroit par les soldats français se trouvait un Écossais, envoyé précédemment de Saint-Omer vers le comte de Fuentès à Watten, pour lui faire connaître l'état de la ville. Ce soldat cherchait à rentrer dans la place pour remettre la réponse de Fuentès au corps des habitants de Saint-Omer, qu'il promettait de secourir.

Déjà le cavalier écossais avait passé le premier bac avec dix autres cavaliers allemands quand ils furent salués de cinquante ou soixante coups de mousquet tirés par les soldats français qui s'étaient cachés dans des broussailles. L'escorte du cavalier écossais l'abandonna aussitôt; lui-même rebroussa chemin et voulut repasser le bac, mais son cheval, rendu furieux par le bruit de la mousquetade, rompit un ais du bac, qui coula à fond. Les Français purent alors se saisir du cavalier ennemi.

Le maréchal de Châtillon poussa activement les travaux du siège. Il fit commencer la circonvallation de la place, qui devait avoir six lieues de circonférence. Les tranchées furent ouvertes par les soldats, payés à raison de vingt sous par jour. Des forts destinés à recevoir l'artillerie étaient élevés de distance en distance. Les commissaires du roi avaient fait confectionner à Amiens et à Abbeville tous les outils nécessaires à ces travaux. Vingt mille bêches, dix mille hoyaux et une grande quantité de serpes, de cognées et de pelles avaient été envoyés aux assiégeants, car le roi et son premier ministre attachaient une grande importance à la possession de Saint-Omer.

La garnison espagnole de cette ville ne se composait que du régiment du baron de Wesemael et de trois cents cavaliers que l'arrivée des Français avait bloqués dans la place. La résistance ne paraissait point devoir être de longue durée, et tout faisait prévoir que la ville ne tarderait pas à capituler.

Le fort du Bac étant un point stratégique fort avantageux, Châtillon le fit occuper par les régiments d'Épagny et de Foucquesolles. Comme la marche était difficile par les marais, ces soldats firent un détour de plusieurs lieues. Au moment où ils s'y attendaient le moins, ils furent rencontrés par le prince Thomas à la tête de quatre mille fantassins et de deux mille cavaliers. Les deux régiments français furent taillés en pièces. Foucquesolles, mestre de camp, fut tué d'un coup de mousquet; un autre mestre de camp, d'Épagny père, fut fait prisonnier avec son fils. Cette défaite eut lieu le 1er juin.

A cette date, les lignes de circonvallation s'étendaient jusqu'à Watten, petit village dont du Hallier s'était emparé au début du siège. Afin d'assurer la conservation de ce poste avancé, Châtillon y fit établir des fortifications sur les hauteurs et autour de l'église.

Dans la nuit du 3 au 4 juin, le prince Thomas attaqua cette petite ville ; la garnison française, composée de cent vingt soldats, s'empressa de capituler. Dès lors, Watten devint un point important dans les opérations des troupes espagnoles pour la défense de Saint-Omer. Les fortifications du monastère furent augmentées, et le régiment de dom Charles Guasco et un régiment anglais occupèrent cette place. C'était de la tour et du moulin de Watten que les ennemis transmettaient leurs signaux aux assiégés par le moyen de feux qu'ils y allumaient.

Le maréchal de Châtillon s'aperçut bientôt que son armée était insuffisante pour maintenir le blocus de Saint-Omer et faire tête aux armées de secours envoyées par le cardinal-infant ; il dut alors, quelque répugnance qu'il eût à le faire, demander à Richelieu l'aide du maréchal de la Force, qui se trouvait dans le Vermandois avec son armée.

Le 8 juin, les assiégés firent une sortie pour aller au-devant du prince Thomas, qui put faire entrer quinze cents hommes et des munitions dans la place, « nonobstant le canon des Français et les salves de leur mousqueterie. » Cette opération fut d'autant plus facile aux ennemis que Châtillon avait négligé de faire garder le passage de Nieurlet. Ce renfort sortait de Watten.

L'armée de Châtillon grossissait de jour en jour. Ainsi, le 9 juin, elle était renforcée de celle de la Force, qui se composait de vingt mille hommes. Cette armée venait de quitter les environs de Péronne et de Saint-Quentin ; elle pénétra en Artois, puis alla s'établir, le 11, aux environs de Pas, de Doullens et de Lucheux, après avoir pillé et incendié les pays ennemis. Ces troupes, ayant pris quelque repos, remontèrent dans l'Artois et allèrent camper auprès d'Ardres. La Force prit son quartier à Zouafques; le prince Thomas, par une manœuvre habile, établit son camp entre Saint-Omer et l'armée de secours, mais il ne disposait point de forces assez nombreuses pour attaquer les assiégeants.

Le 13 juin, Richelieu écrivait à Châtillon que le secours introduit dans Saint-Omer ne devait point le décourager. Il ajoutait que le roi attachait une extrême importance à la prise de cette ville, et que son maître se rendrait lui-même à l'armée si sa présence était jugée nécessaire. « On ne saurait manquer cette entreprise sans perdre les affaires du roi ; il y va plus du vôtre qu'on ne saurait vous le représenter. »

L'arrivée du prince Thomas n'avait aucunement troublé Châtillon, qui continua de faire travailler aux lignes, aux forts et aux redoutes.

Bassompierre rapporte que le gouverneur d'Ardres avait fait établir un petit fort à la tête d'une chaussée, afin de protéger ceux de ses soldats envoyés en fourrageurs sur les pays ennemis. Le 24 juin, le prince Thomas vint attaquer cette redoute et s'en empara. Le maréchal de la Force envoya aussitôt « le vicomte d'Arpajon avec des forces pour tâcher d'y jeter du secours; mais il trouva la redoute prise et les ennemis campés au-devant. »

Le lendemain, on avertit le maréchal de la Force que les ennemis avaient évacué le fort. Le maréchal se porta aussitôt en cet endroit, et ne fut pas peu surpris d'y rencontrer toute l'armée du prince Thomas en armes. La Force s'était trop avancé pour rétrograder. Quoique ses troupes fussent à découvert sur une chaussée, il donna l'ordre d'attaquer les Espagnols; mais il dut se replier, après avoir perdu plus de trois cents hommes, tant tués que blessés.

Voici en quels termes le *Mercure français* rend compte de cet engagement : « Le 25 juin, le maréchal de la Force, qui avait son quartier à Éperlecques, eut avis que les ennemis avaient paru entre Chaumontou et Ionvire ; ce qui l'ayant fait résoudre d'aller à eux, il commanda deux cents hommes tirés des régiments des Gardes, de Piémont, de la Marine et de Bourdonné, qu'il fit soutenir par le reste desdits corps, avec ordre de les attaquer. Ce qui fut exécuté si hardiment et avec tant d'heur que plusieurs des ennemis, écartés de leur gros, furent tués sur la place ou noyés dans un gros ruisseau voisin. S'étant toutefois ralliés de là l'eau, ils revinrent aux nôtres, lesquels, soutenus de leurs corps, combattirent près de quatre heures, et obligèrent les ennemis à repasser l'eau avec confusion, de sorte qu'il y en eut encore plusieurs de tués et d'autres noyés. »

Tandis que l'armée du prince Thomas et celle de la Force restaient en présence, le maréchal de Châtillon poussait activement les travaux du siège de Saint-Omer, « et, parce que de l'autre côté d'une rivière qui passe à Saint-Omer, par un canal que l'on y a fait qui l'y mène, la ville était aisée à être secourue, il fit, par une chaussée, rentrer la rivière dans son lit, et fit faire trois redoutes sur cette chaussée; et, pour empêcher qu'on ne vînt les attaquer et prendre, il fit faire un grand fort au lieu où le bac était, qui, à cause de cela, fut nommé le fort du Bac. » Ce fort, qui pouvait contenir quatre mille hommes, en reçut deux mille cinq cents et une forte artillerie avant même qu'il ne fût complètement achevé. Le commandement en fut confié à Manicamp.

Les lignes étant terminées, la tranchée fut ouverte dans la nuit du 29 au 30 juin, et, le 2 juillet, les assiégés firent une sortie qui ne fut pour eux d'aucun résultat.

Ayant été délivré des Hollandais après la défaite que ceux-ci essuyèrent à Callo, le cardinal-infant, prévenu du danger que couraient les Audomarois, envoya Piccolomini avec son armée pour débloquer Saint-Omer. Il fit partir également Jean de Nassau avec quinze cents chevaux, pour renforcer l'armée du prince Thomas.

Lorsque Piccolomini et le comte de Nassau eurent rejoint Thomas de Savoie, ils se concertèrent sur les moyens à employer pour ravitailler la place et la délivrer. Ces trois généraux disposaient d'environ trente mille hommes et de seize pièces de canon. Il fut décidé que Jean de Nassau prendrait avec ses quinze cents cavaliers douze cents Croates et qu'il irait harceler l'armée du maréchal de la Force, tandis que le prince Thomas attaquerait les trois redoutes de la digue que les assiégeants avaient élevées dès leur arrivée. Quant à Piccolomini, il devait se tourner contre le fort du Bac. Ce plan, fort bien combiné, donna les meilleurs résultats.

En effet, tandis que l'armée de la Force se trouvait engagée contre la division de Jean de Nassau, le prince Thomas attaquait les trois redoutes de la digue et parvenait à s'en emparer. Une fois maître de ces redoutes, il put entrer dans Saint-Omer pour le ravitailler ; il y passa même la nuit.

Le fort du Bac, quoique n'étant point achevé lors de l'arrivée de Piccolomini, fut vigoureusement défendu par Manicamp et ses deux mille cinq cents hommes. Ce fort se trouvait entre deux feux, car, tandis que Piccolomini le battait d'un côté, une partie de la garnison de Saint-Omer sortait avec deux bélandres portant chacune deux pièces de canon. Les soldats qui montaient ces bélandres lancèrent des boulets chaînés sur les fraises du fort pour les couper. D'autres soldats projetaient des grenades qui tombaient dru comme grêle.

Toutes les forces des Hispano-Impériaux se portèrent à un moment donné sur le fort du Bac, qui fut attaqué de jour et de nuit. Manicamp envoya deux officiers à Châtillon pour lui demander du secours : il se voyait sur le point de manquer de vivres et de munitions.

L'artillerie ennemie causait de grands dommages autour du fort, car la terre, nouvellement remuée, s'écroulait facilement, et, au bout de deux ou trois jours, le fort se trouvait entamé en trois endroits. Quand l'ennemi vit ces brèches, il tenta un premier assaut général, qui fut vigoureusement repoussé ; le lendemain, un nouvel assaut général était tenté sans plus de succès.

Cependant la situation des défenseurs du fort du Bac devenait de plus en plus précaire, car ils allaient manquer de munitions, et, n'ayant plus de vivres, ils mangeaient les chevaux d'artillerie.

Le fort de Clairmarais, situé à cent pas du fort du Bac, qui était occupé par deux cents soldats français, fut pris par les ennemis ; ils tuèrent le plus grand nombre des assiégés, dépouillèrent les autres et les conduisirent tout nus dans la ville de Saint-Omer. Il avait été impossible aux maréchaux de Châtillon et de la Force de secourir ces malheureux.

Un troisième assaut général tenté sur le fort du Bac n'eut pas plus de succès que les deux précédents. Le lendemain, les ennemis dressèrent plus de quatre cents échelles autour du fort. Ces échelles étaient assez larges pour que quatre hommes pussent s'y placer de front. Chaque soldat ennemi devait monter à l'assaut tenant une grenade à la main.

Tous ces préparatifs se faisaient à la vue des pauvres assiégés, qui ne purent s'y opposer, car ils n'avaient plus ni poudre, ni balles pour leurs mousquets, ni boulets pour les trois pièces de canon dont ils disposaient, et, chose non moins cruelle, ils n'avaient plus de pain !...

Dans un conseil de guerre tenu pendant l'attaque du fort du Bac, le maréchal de Châtillon proposa de secourir les défenseurs de ce fort avec les deux armées en contournant le marais. Cette entreprise présentait de grandes difficultés, car il fallait faire un trajet de cinq lieues à travers un terrain boisé, entrecoupé de ravins profonds. Il fut représenté dans ce conseil que « l'armée ne pouvait aller et revenir de cette entreprise qu'elle n'y employât au moins six ou sept jours, et l'on n'avait pas de pain pour deux. Mais ce qui était encore plus important, c'est que l'on ne voyait pas le moyen que, l'armée partant du camp, on le pût assurer, car étant éloigné, si les ennemis, qui avaient le chemin libre par dedans la ville où ils pourraient faire passer leurs armées, venaient attaquer le camp, nous y laissions en proie toute l'artillerie, les munitions et tout le bagage des armées, ce qui était les faire périr, comme si l'on avait perdu une bataille. »

Il fut reconnu dans ce conseil de guerre que toute tentative de secourir le fort du Bac était impossible. Réduit à la dernière extrémité, Manicamp demanda à capituler ; il obtint la vie sauve pour lui et pour ses soldats, et demanda à être conduit avec eux dans la ville la plus proche du royaume de France.

Le 7 juillet, jour de l'attaque du fort du Bac, Richelieu écrivait au cardinal de la Valette que le siège de Saint-Omer allait fort bien, et que Châtillon avait assuré que, malgré les efforts que pourraient tenter Thomas de Savoie et Piccolomini, cette place serait prise avant la fin du mois. Mais, hélas ! cette assurance devait faire place à la plus cruelle déception.

Après la reddition du fort du Bac, le prince Thomas pouvait communiquer avec la ville sans difficulté et y faire entrer autant de monde qu'il le voulait.

Un nouveau conseil de guerre ayant été réuni, le maréchal de Châtillon « représenta les malheurs qu'il avait reçus en ce siège, et demanda l'avis du maréchal de la Force. Ce dernier représenta qu'il était tout à fait impossible de continuer le siège de Saint-Omer. La majorité du conseil de guerre se rangea à l'opinion du vieux maréchal, et, le 16 juillet, les deux armées décampaient.

L'insuccès de cette entreprise retomba de tout son poids sur le maréchal de Châtillon. L'année précédente, il recevait de Richelieu les plus chaleureuses félicitations, et Louis XIII le proclamait, en présence de toute la cour, « un des plus capables généraux d'armée qu'il y eût dans son État; » il n'en connaissait aucun, disait-il, qui sût « parler et agir si assurément dans les sièges. »

Le cardinal écrivait le 19 juillet à la Valette : « Beaucoup croient que la mésintelligence d'entre M. de Châtillon, M. le maréchal de la Force, qui l'avait joint, et les autres officiers des armées, en est la principale cause; pour moi, je ne puis qu'en dire, mais il est certain que la lenteur de M. le maréchal de Châtillon est la première origine de notre mal. »

A maintes reprises, Richelieu manifesta son mécontentement contre cet officier; ainsi, le 4 août, il écrivait d'Abbeville à M. d'Estampes : « La perte de ce dessein n'est due qu'au peu de prévoyance, à la paresse et à la présomption de Châtillon.» Cet échec avait d'autant plus irrité le premier ministre que le maréchal s'était hautement vanté du succès de l'entreprise.

Louis XIII partageait à ce sujet les mêmes sentiments que son ministre. Il fit appeler Châtillon à Paris ; mais Richelieu, en se rendant à Saint-Quentin, rencontra le maréchal et lui dit : « Je suis d'avis que vous alliez droit chez vous sans voir Sa Majesté, car elle n'est pas contente de vous ; il faut prendre du loisir pour accommoder vos affaires. »

En poursuivant sa route, Châtillon recevait du roi une lettre ainsi conçue : « Mon cousin, vous savez mieux que personne la confusion qu'apporte dans mes armées la diversité des chefs en égal commandement. J'ai résolu de laisser le commandement de mon armée à mon cousin le maréchal de la Force, comme plus ancien. Cependant vous vous en irez droit en votre maison de Châtillon sans passer à Paris ni au lieu où je suis, vous avouant que j'ai de la peine à oublier le malheur qui vous est arrivé à Saint-Omer, faute de toutes les prévoyances qui étaient requises.... »

La disgrâce de Châtillon ne fut pas de longue durée. Richelieu le rappela pour la campagne de 1639 et lui confia le commandement de l'une des trois armées qui furent mises sur pied. Les succès qu'il remporta dans cette campagne le firent rentrer en grâce.

Une puissante armée était dirigée vers les Pays-Bas en 1640. Le maréchal de la Meilleraye, nommé général en chef, avait sous ses ordres les maréchaux de Chaulnes et de Châtillon. Le 22 mai, Richelieu adressait un mémoire à ces deux derniers officiers, qui n'avaient point encore quitté Amiens, afin de savoir s'ils pensaient avoir assez de temps pour prendre Lillers ou Béthune, et si, leur armée étant renforcée de huit ou neuf régiments d'infanterie et de deux mille cavaliers, ils se croyaient en état de pouvoir assiéger Arras, Aire ou Cambrai. Châtillon répondit que les forces dont il disposait étaient assez nombreuses pour qu'il pût s'emparer de Lillers ou de Béthune, si l'ennemi était occupé ailleurs, mais que, pour attaquer l'une des trois autres villes, l'armée qu'il commandait avec le duc de Chaulnes serait insuffisante.

Quelques jours plus tard, le roi écrivit de Soissons à Châtillon afin de savoir ce qu'il comptait entreprendre en Artois. Puységur fut chargé par le maréchal de porter sa réponse à Louis XIII. Châtillon proposait d'investir Arras d'un côté avec ses troupes, pendant que la Meilleraye l'investirait d'un autre côté et qu'une petite armée stationnerait aux environs de Doullens, afin de protéger les convois de vivres que l'on tirerait de la Picardie.

Richelieu répondit qu'il avait déjà formé ce dessein, mais qu'il ne croyait pas qu'on pût le mettre à exécution, car il s'attendait à une vigoureuse résistance de la part des habitants d'Arras, « ennemis jurés des Français, plus même que tous les Espagnols ensemble, » et qu'enfin la garnison de la place devait être très nombreuse.

Puységur répliqua que Châtillon savait de source certaine qu'il n'y avait pas plus de deux mille cinq cents hommes. Il ajouta que l'intention du maréchal « était de marcher vers Aire ou vers Béthune, pour donner jalousie à ces deux places, et attirer une partie de ceux qui étaient dans Arras pour s'y jeter, sachant bien qu'ils ne croyaient pas que la France fût en état de les assiéger, se fiant fort à leur devise, qui est que : *Quand les Français prendront Arras, les souris prendront les chats.* »

A la suite des déclarations apportées par Puységur, le roi se retira dans le cabinet de l'évêché de Soissons avec le cardinal et des Noyers pour délibérer. Au bout d'un quart d'heure, on appela Puységur, et Louis XIII lui dit : « Nous venons de résoudre le siège d'Arras. Il faut tenir la chose secrète ; n'en parlez à personne. Dites seulement à M. de Châtillon d'en faire de même. »

D'après un historien, c'est le 26 ou le 27 mai que fut résolu le siège d'Arras. Le roi en donna connaissance aux maréchaux de Chaulnes et de Châtillon par une lettre du 28 mai ; en même temps, il envoyait un courrier à la Meilleraye, lui enjoignant de se porter sur Arras.

Le cardinal pria Puységur de dire à Châtillon « que le dessein qu'il avait était celui d'un grand capitaine comme il était. »

Le plan de la campagne de 1640, indéterminé jusque-là, fut dès lors bien arrêté. Aussitôt qu'ils eurent reçu la lettre du roi, les maréchaux de Chaulnes et de Châtillon donnèrent l'ordre aux troupes qu'ils allaient conduire en Artois de se réunir à Longpré-lès-Corps-Saints.

Le plan du maréchal de Châtillon réussit au delà de toute espérance. Le comte d'Isembourg, gouverneur d'Arras, sortit de cette ville avec une bonne partie de la garnison pour aller renforcer celles des villes qu'il croyait menacées, telles que Béthune, Aire et Bapaume. L'arrivée inattendue des troupes françaises devant Arras ne lui permit point de pouvoir rentrer dans la place. En effet, les maréchaux de Chaulnes et de Châtillon, tout en conservant leur quartier général à Bruay, s'avançaient sur les hauteurs de Mont-Saint-Éloy, de sorte que les deux armées parurent le même jour et presque à la même heure en vue d'Arras (mercredi 13 juin). « Celui qui faisait le guet dans le beffroi aperçut premièrement celle de Châtillon vers Mont-Saint-Éloy ; il sonna l'alarme et mit son drapeau de ce côté-là. Personne ne s'en émut dans la ville, parce qu'on crut que c'étaient des troupes qui passaient à l'ordinaire ; mais, peu de temps après, l'alarme redoubla plus fort, et on remit le drapeau de l'autre côté, qui est vers Cambrai ; et celui qui était au guet cria qu'il voyait deux armées, l'une à droite et l'autre à gauche. Alors le peuple prit l'alarme tout de bon et craignit d'être assiégé. Le soir, les bourgeois, étant sur les remparts, virent les deux armées s'approcher de leur ville et s'élargir dans leurs grandes plaines, puis se séparer et prendre leurs quartiers à l'entour. Ce fut alors qu'ils ne doutèrent plus que c'était à eux qu'on en voulait, et ils en furent fort surpris, car ils avaient une telle présomption et si bonne opinion de la force de leur ville qu'ils ne croyaient pas que jamais on songeât à l'attaquer. »

Richelieu attachait la plus grande importance à la possession d'Arras, qui était regardée comme le boulevard des Pays-Bas. Aussi il se hâta d'écrire aux surintendants des finances pour qu'ils envoyassent le plus d'argent possible; il pressa le gouverneur de Paris de faire sortir de la capitale tous les officiers, tous les soldats et tous les vagabonds pour les envoyer au camp. Il ordonna au lieutenant de l'Arsenal de faire conduire les plus grosses pièces d'artillerie devant Arras; de leur côté, Chavigny et des Noyers firent remplir de grains les magasins de Corbie, de Péronne, d'Abbeville et d'Amiens.

L'armée assiégeante comptait vingt-cinq mille fantassins et neuf mille cavaliers, y compris les troupes du célèbre maréchal de camp Josias Rantzau, dont le quartier fut établi à Wailly-lès-Arras afin de protéger les convois; il se composait de six régiments d'infanterie, un de fusiliers et deux de cavalerie.

En arrivant devant Arras, la Meilleraye envoya un trompette sommer la ville de se rendre : « Dites à votre grand maître qu'il se méprend, fut-il répondu ironiquement, et qu'il pense être devant Saint-Omer. »

La place fut alors investie. L'état des fortifications laissait beaucoup à désirer; la garnison, réduite par le départ des troupes que conduisit le gouverneur à Béthune, ne se trouvait plus que de quinze cents fantassins et de quatre cents cavaliers; elle eût encore été moindre si les mille fantassins qui sortirent de la ville pour aller renforcer la garnison d'Aire ne fussent rentrés dans Arras en apercevant la cavalerie française qui allait fondre sur eux. Mais les bourgeois d'Arras, dont Richelieu disait qu'ils étaient « plus Espagnols que les Castillans, » allaient s'opposer énergiquement à l'attaque de leur cité.

En l'absence du gouverneur d'Arras, qui n'avait pu rentrer dans la place, le commandement de la garnison échut au colonel irlandais Eugène O'Neil. La composition de cette garnison était des plus hétérogènes ; on y voyait des Espagnols, des Irlandais, des Napolitains, des Wallons et des Allemands.

Suivant une lettre de Châtillon, les généraux français s'occupèrent pendant les deux premiers jours de leur arrivée à faire hutter les gens de guerre ; le troisième jour, c'est-à-dire le 15 juin, ils commencèrent à faire « jouer de la pelle. »

La Meilleraye établit son quartier général au château de Bellemotte, à Blangy-lès-Arras ; c'est là que plus tard on conduisit les otages et que l'on convint des articles de la capitulation.

On vit alors ce qui se produisit si souvent en France à toutes les époques dans les mêmes circonstances ; les troupes se trouvaient devant Arras depuis trois jours à peine, et déjà les vivres manquaient !...

Huit cents charrettes furent réquisitionnées pour aller chercher des provisions de bouche à Amiens, à Abbeville et à Doullens, mais elles n'arrivèrent que le 23 juin, dix jours après l'investissement de la ville. Il est certain que si les Espagnols eussent eu connaissance de l'extrémité à laquelle se trouvaient réduits leurs adversaires, ils n'auraient pas manqué de faire tous leurs efforts pour attaquer les convois ; les assiégeants se seraient ainsi trouvés dans le plus cruel embarras.

Dès le 14 juin, on réquisitionna les paysans des villages situés entre Calais et la ville d'Eu pour les envoyer travailler aux tranchées exécutées autour d'Arras. Ils s'empressèrent d'autant plus d'obéir à cette injonction qu'ils mouraient de faim chez eux ; pendant le temps qu'ils furent employés à ces travaux, ils reçurent douze sous par jour et un pain de munition.

Dans un mémoire de la cour adressé aux généraux le 16 juin, il leur était recommandé de « faire les convois extrêmement forts, » et de faire travailler les paysans et les soldats avec toute l'activité possible aux lignes de circonvallation; les généraux étaient informés en même temps que sept cent mille rations de pain ou de biscuit seraient emmagasinées à Doullens sous huit jours. On voit par ce mémoire que la cour avait chargé tout spécialement la Meilleraye de se saisir de quelques petits châteaux entre Arras et Doullens, signalés par Saint-Preuil comme étant dangereux pour la sûreté des convois.

Le 17 juin, Richelieu écrivait aux généraux pour les féliciter des heureux commencements du siège, et les engageait à presser les travaux de circonvallation; il leur recommandait d'empêcher à tout prix l'introduction de secours que pourrait tenter l'ennemi : « Je souhaite avec passion, disait-il en terminant, que vous veniez à bout de votre entreprise pour le service du roi et de votre réputation. » Le 21, il écrivait aux ducs de Chaulnes et de Châtillon pour les engager à organiser des convois plus forts que ceux qu'ils avaient faits jusque-là, car le succès du siège d'Arras en dépendait.

A plusieurs reprises, les assiégés opérèrent quelques sorties. Ainsi, le 19 juin, les trois cents cavaliers de la place tentèrent d'enlever un corps de garde de cavalerie, mais ils furent vivement repoussés. Deux jours après, les mêmes cavaliers sortirent de nouveau; le duc de Chaulnes, montant aussitôt à cheval, se met à la tête des chevau-légers de sa garde et repousse les assiégés jusque sur la contrescarpe après leur avoir fait huit prisonniers. « Les assiégés, voyant ce qui se passait de dessus les murailles, appelaient les leurs poltrons, pensant par là les renvoyer au combat. »

En attendant qu'il pût s'avancer en personne pour débloquer Arras, le cardinal-infant envoya Lamboy, général des troupes impériales, avec l'ordre de faire entrer du secours dans la place et surtout d'interrompre les travaux des assiégeants. Lamboy se retrancha près du village de Sailly-en-Ostrevent; son dessein était de faire entrer du secours dans la place, et, à cet effet, il envoyait souvent reconnaître les lignes. Le 23 juin, il fit sortir de son camp deux mille fantassins et seize cornettes de cavalerie; ces troupes attaquèrent vigoureusement les gardes avancées des assiégeants. Mais la Meilleraye, prévenu de ce qui se passait, monta aussitôt à cheval, prit avec lui ce qui se trouvait d'infanterie et de cavalerie et sortit des lignes. L'infanterie ennemie ne put supporter le choc; la cavalerie s'avança pour la soutenir, mais les soldats de la Meilleraye la firent bientôt replier et la poursuivirent jusque dans son retranchement à Sailly. Dans l'ardeur de cette chasse, « plusieurs volontaires de qualité et quelques principaux officiers » entrèrent pêle-mêle dans le camp de Lamboy; quelques-uns d'entre eux y furent tués et d'autres faits prisonniers. Mais les troupes de Lamboy furent mises en déroute; il resta « cinq cents chevaux sur la place et un grand nombre de prisonniers. »

A la fin du mois de juin, le cardinal-infant arrivait à Lille, où il présidait un conseil de guerre, afin qu'il fût pris une décision pour secourir Arras. Les uns émirent l'avis d'attaquer les assiégeants, et les autres proposèrent de borner les efforts à couper leurs convois. Le cardinal-infant ne prit aucun parti, mais il s'avança sur Arras.

A cette nouvelle, la Meilleraye assembla le conseil dans la tente de Châtillon et proposa de sortir des lignes pour se rendre au-devant des ennemis et leur livrer bataille. Châtillon exprima un avis contraire, inspiré par la plus sage prudence, car il fit valoir que, s'ils levaient tous leurs quartiers, l'armée ennemie pourrait jeter du secours dans la place et se retirer aussitôt sans livrer combat. Il fut décidé alors que l'on enverrait un courrier à Doullens, où se trouvait Richelieu, afin d'avoir l'avis du cardinal.

Le courrier revint avec le billet suivant : « Je ne suis point homme de guerre ni capable de donner mon avis sur ce sujet. Il est vrai que j'ai beaucoup lu, mais je n'ai pas trouvé que l'on soit sorti des lignes pour combattre les ennemis après avoir demeuré dix-huit jours entiers à les faire. Lorsque le roi vous a donné à tous trois les commandements de ses armées, il vous en a crus capables, et il lui importe fort peu que vous sortiez ou que vous ne sortiez pas ; mais vous répondrez de vos têtes si vous ne prenez point la ville d'Arras. »

Le contenu de ce billet, rapporté par Puységur, est révoqué en doute par plusieurs historiens, et M. Avenel, qui a publié les *Lettres* de Richelieu, n'en a point retrouvé le manuscrit ; mais cet auteur dit avec raison : « Cependant, tout en exprimant un doute, on ne peut pas aller jusqu'à affirmer que ce billet est supposé. Le cardinal, qui souhaitait ardemment la prise d'Arras, a pu parler ici avec quelque vivacité, et, quoiqu'il ne fût pas sans prétention à la science du général, il a pu dire : « Je ne suis point homme de guerre, » dans une circonstance où, pour laisser toute la responsabilité aux trois maréchaux, il refusait de donner un ordre, ou seulement un conseil direct, car au fond il donne un avis d'une façon détournée, et un avis basé sur l'étude des choses de la guerre. »

Ce billet, dont Puységur ne donne point la date, a dû être écrit dans les premiers jours de juillet, car il y est dit que les travaux du siège avaient été commencés depuis dix-huit jours, et l'on se rappelle que l'armée française arrivait devant Arras le 13 juin. Toutefois, les troupes du cardinal-infant n'étaient point encore en vue de cette ville lorsque la Meilleraye proposa de leur livrer bataille ; elles ne devaient arriver que quelques jours plus tard.

Le maréchal de Châtillon, ayant annoncé à Richelieu que la circonvallation était complètement terminée, en reçut la réponse suivante le 1er juillet : « Je ne vous témoigne pas par ces lignes la joie que j'en ressens et la satisfaction que j'ai de voir que les Français, qu'on n'avait pas jusqu'ici tenus autrement propres à si bien remuer la terre, aient au moins égalé les Hollandais en cette occasion, qui n'en firent jamais une telle étendue en si peu de temps. »

La circonvallation avait cinq lieues de circonférence. Les fossés des lignes avaient douze pieds de largeur et dix de profondeur. De distance en distance se trouvaient des redoutes et des forts entourés de fossés ayant dix-huit pieds de largeur sur douze de profondeur.

Le 1er juillet, les assiégés firent une sortie du côté du quartier de Rantzau, et s'emparèrent d'une église gardée par quelques soldats d'infanterie de l'armée française. Rantzau prit une partie du régiment d'Épagny, attaqua l'église et s'en empara aussitôt. Les ennemis revinrent à la charge et reprirent l'église. Rantzau, qui était ivre, reçut un coup de mousquet qui lui brisa le bras. Les ennemis voulurent lui faire rendre son épée ; il refusa et fut fort maltraité des soldats espagnols, qui le frappèrent à coups de hampe de hallebarde parce qu'ils ne voulaient point le tuer.

Cependant les Français retournent sur l'église, en délogent les ennemis et reprennent Rantzau. Quatre jours plus tard, cet officier se plaignit de ce qu'il ne pouvait remuer la jambe. La gangrène s'était mise dans une plaie qu'il portait à la cuisse; il dut alors subir l'amputation.

Dans cette attaque, il y eut de douze à quinze morts de part et d'autre.

Richelieu déploya la plus active vigilance durant le siège d'Arras tant par les avis quotidiens qu'il adressait aux généraux que par les soins incessants qu'il montra pour l'envoi de vivres et de munitions qu'il fit parvenir aux assiégeants.

Doullens était devenu le centre d'approvisionnement de l'armée française. Un convoi, formé depuis le 30 juin, ne put partir que le 3 juillet.

L'armée du cardinal-infant, forte de trente-six mille hommes, arriva sur ces entrefaites et se saisit de Mont-Saint-Éloy, puis alla camper à Arleux-en-Gohelle. Un corps de cavalerie fut détaché presque aussitôt pour prendre la tour de Monchy-le-Preux, gardée par quelques cavaliers et huit fantassins. Les Espagnols pratiquèrent une mine sous cette tour et la firent sauter avec les soldats qu'elle renfermait.

Le même jour, c'est-à-dire le 4 juillet, les assiégeants ouvrirent la tranchée en deux endroits; ils se saisirent d'une église où les assiégés faisaient leur garde et y commencèrent une redoute. D'après Puységur, les Français se seraient emparés de la ville en six jours si on l'eût attaquée du côté du moulin à vent.

Les troupes de Lamboy, retranchées à Sailly, harcelaient constamment les fourrageurs français. Pour y mettre un terme, la Meilleraye sortit du camp le 5 juillet avec quelques fantassins et mille deux cents cavaliers, et s'avança jusqu'auprès de Douai. Les fantassins furent envoyés en avant avec des faucilles et des faux et firent semblant de couper les blés. Aussitôt sept escadrons de cavalerie espagnole s'avancèrent sur les fourrageurs; mais la cavalerie de la Meilleraye s'étant montrée trop tôt, « les ennemis se retirèrent au galop dans leur camp en escarmouchant. »

Dans la nuit du jeudi 5 au vendredi 6 juillet, les assiégés tentèrent une sortie sur le régiment de Navarre, mais ils furent repoussés avec perte jusque dans les fossés de la ville.

Le 6, les Français s'emparèrent d'une église que les assiégés avaient fortifiée, de sorte que les assiégeants s'approchèrent des demi-lunes et du faubourg situé vers Cambrai.

Quelques jours plus tard, les approches se firent avec tant de succès que Châtillon pouvait écrire à Richelieu le 11 juillet : « Je n'ai jamais vu de siège plus assuré que celui-ci. Je le dis à tout le monde et à toute heure. Il y a des incrédules. L'issue prouvera que je ne me trompe pas. Ce n'est ni présomption ni opinion particulière qui me fait parler de la sorte ; c'est la vérité même que les faits confirmeront. »

Le vieux maréchal ne devait point s'étonner de trouver des incrédules. Ses contemporains avaient encore présente à l'esprit la levée du siège de Saint-Omer. Néanmoins, tout le monde lui rendit cette justice que les travaux d'Arras, dont il avait la direction, étaient « extraordinairement beaux. » Il prouva ainsi qu'il avait profité des leçons des princes Maurice et Frédéric-Henri d'Orange, ces grands maîtres dans l'art de prendre les villes, sous lesquels il avait fait son apprentissage.

Les Français n'avaient point encore pu pénétrer les desseins du cardinal-infant. Les uns prétendaient qu'il devait essayer d'attaquer les lignes vers le 11 ou le 12 juillet ; d'autres affirmaient qu'il devait aller camper à Aubigny dans le but d'arrêter les convois des assiégeants. Les trois maréchaux reçurent l'ordre de Louis XIII de ne point quitter leurs lignes.

Rien ne faisait prévoir que le cardinal-infant voulût attaquer les retranchements, car il ne fit aucune tentative de ce genre tant qu'il demeura à Mont-Saint-Éloy. Aussi Richelieu avait prévu juste lorsque, le 14 juillet, il écrivait aux généraux : « Il faudrait être aveugle pour ne pas voir que, si les ennemis eussent eu dessein d'attaquer la circonvallation, ils l'eussent fait d'abord, et maintenant ils n'y peuvent plus penser sans faire une extravagance inconcevable, laquelle ne convient ni à l'humeur espagnole ni à l'état présent des Pays-Bas, qui seraient perdus s'ils avaient perdu un combat général.... Le dessein des ennemis ne peut être autre maintenant que de traverser les convois.... Donc, le principal but que MM. les généraux doivent avoir de leur côté, et nous du nôtre, est de faire passer un grand convoi par le moyen duquel la prise d'Arras soit assurée. » Et, leur prodiguant les conseils, le cardinal terminait ainsi sa lettre : « Je supplie MM. les généraux de penser d'autant plus sérieusement en cette affaire que de là dépend la prise d'Arras et le succès de leur dessein, qui les comblera de gloire et la France de bonheur s'ils le peuvent conduire à bonne fin. »

Après être venue camper entre Hesdin et Béthune, puis entre Lens et Mont-Saint-Éloy, l'armée du cardinal-infant s'établit à Bailleulmont et s'empara de l'abbaye de Mont-Saint-Éloy le 13 juillet. On crut remarquer alors que les Espagnols n'avaient d'autre but que d'attaquer les convois de l'armée française ; ils semblèrent se diviser en trois corps dont le premier marcherait sur les convois, le second attaquerait l'escorte et le troisième servirait à jeter du secours dans la place.

Désespérant de pouvoir forcer les lignes de circonvallation, les ennemis se bornèrent, en effet, à jouer un rôle plus modeste ; il n'y avait pas à en douter, leur dessein était de couper les vivres.

Des centaines de charrettes chargées de vivres étaient amassées à Doullens, mais la présence des Espagnols à peu de distance de cette ville rendait la marche des convois fort difficile. Aussi un contemporain rapporte que les assiégeants, n'ayant plus de pain, « prenaient des épis de blé et les flamboyaient pour en brûler le bout, et puis ils mangeaient le blé ; d'autres l'écrasaient avec des tuiles pour faire des galettes. »

Voyant ses soldats souffrir de la faim, la Meilleraye envoya Leschelle, colonel de cavalerie, escorter avec son régiment un convoi de trois cents charrettes de vivres pour les conduire jusqu'à Frémicourt. Le 18 juillet au soir, Leschelle partait de Péronne, et le maréchal quittait les lignes au même moment, emmenant avec lui trois mille cavaliers. La Meilleraye marcha pendant toute la nuit, et, le lendemain 19, au soleil levant, ses éclaireurs vinrent le prévenir qu'ils avaient vu de la cavalerie ennemie près de Frémicourt : c'était le comte de Bucquoy avec trois mille hommes, qui attendait un convoi venant de Cambrai.

La cavalerie française, s'étant mise en ordre, partit au galop contre un escadron de quatre cents cuirassiers ennemis, lequel était suivi de quatre escadrons que soutenait le reste de la cavalerie de Bucquoy. Le choc fut rude et la mêlée sanglante. Les ennemis furent repoussés jusqu'auprès de Bapaume, et, si l'on en croit la *Gazette* du 28 juillet, ils perdirent sept cents hommes et laissèrent quatre cents prisonniers.

Six escadrons ennemis s'étaient enfuis au galop sans avoir pris part à l'action, mais les soldats de la Meilleraye auraient pu leur couper la route au début de l'engagement.

A la suite de ce combat, qui dura une heure et demie, le maréchal jugea prudent de rentrer au camp, car il redoutait « que les fuyards ne donnassent avis au camp des Espagnols de ce qui venait d'arriver et qu'ils ne le coupassent avec dix mille chevaux et n'empêchassent sa retraite. » Il avait prévu juste ; quelques instants après, un détachement de cavalerie sortait du camp pour le charger, mais il était trop tard. Néanmoins, les ennemis rencontrèrent Leschelle, qui avait continué sa marche, et s'emparèrent sans résistance du convoi qu'il escortait. Leschelle put s'enfuir à Péronne.

A son retour au camp, « où il revint son épée sanglante

jusqu'à la garde, » la Meilleraye fut fort mal accueilli de l'armée, qui mourait de faim ; les soldats s'en vengèrent en chansonnant leur général et en se moquant de sa victoire, qui, toutefois, ne leur donnait pas de pain.

La Meilleraye s'était conformé aux instructions de Richelieu, qui lui avait écrit la veille de sortir du camp avec trois mille cinq cents chevaux et de faire semblant de se diriger sur Miraumont, mais de prendre ensuite la direction de Vaux pour arriver au chemin de Péronne. « Au même temps, écrivait le cardinal, nous ferons partir nos troupes de Corbie pour aller à Miraumont... et nous ferons partir un faux convoi de Doullens qui ira jusque sur la montagne ; par ce moyen, les ennemis ne penseront apparemment qu'à ce qui partira de Doullens et de Corbie. »

Pressés par la faim, les assiégeants allaient se trouver dans la dure nécessité de lever le siège ; mais la Meilleraye, qui ne pouvait se résoudre à prendre cette mesure, tenta toutes sortes de moyens afin de procurer des vivres à ses soldats.

Le 20 juillet, Richelieu prévenait Chaulnes et Châtillon que l'on tenait des vivres prêts à Doullens et à Hesdin, et qu'ils eussent à les faire prendre eux-mêmes.

Sur ces entrefaites, Saint-Preuil fit informer le grand maître de l'artillerie qu'il se faisait fort de lui faire parvenir un convoi de vivres. Sa proposition fut accueillie avec joie par les généraux. Pour la réussite de cette entreprise, on usa d'un stratagème qui fut couronné d'un plein succès.

Le quartier du roi, composé de huit mille hommes, était logé à Corbie depuis le 7 juillet ; on lui donna l'ordre de se rendre en bataille jusqu'à Albert avec un convoi de charrettes chargées de caisses vides. Les Espagnols campés entre Doullens et Arras furent aussitôt informés par leurs espions de la direction que venait de prendre ce fort convoi ; ils quittèrent immédiatement leurs retranchements et allèrent au-devant du convoi signalé. Lorsque les conducteurs, qui s'étaient avancés lentement, se trouvèrent en vue des ennemis, à trois lieues de Corbie, ils tournèrent bride et rentrèrent dans cette ville une heure et demie plus tard.

Pendant ce temps, Saint-Preuil quittait Doullens avec quatre cents charrettes, et, dans la nuit du 20 au 21, il rencontrait Châtillon venu au-devant de lui avec quatre mille hommes. En retournant au camp, ce général eut, en outre, la bonne fortune de rencontrer au Sars Bellebrune, gouverneur d'Hesdin, qui conduisait au camp cent chevaux chargés de farine.

Nous devons noter deux lettres de Richelieu aux maréchaux de Chaulnes et de Châtillon, l'une du 23 juillet, l'autre du lendemain, par lesquelles il les pressait d'avancer leurs attaques et de prendre toutes les précautions possibles pour se pourvoir de vivres sans que les ennemis pussent en avoir connaissance. « C'était ainsi, dit un historien, que le cardinal faisait de l'administration, en priant, conjurant, répétant dix fois la même chose, en faisant donner par le roi et par les secrétaires d'État les ordres qu'il avait donnés lui-même, ou en ajoutant ses supplications à ses ordres. Et, malgré tout cela, l'organisation de cette administration était si défectueuse que bien souvent Richelieu était mal obéi. »

A plusieurs reprises, les assiégés tentèrent d'attaquer les travaux des assiégeants en opérant quelques sorties, mais, à chaque fois, ils rentrèrent dans la place fort amoindris par les pertes qu'ils avaient faites. Dès le 17 juillet, les Français se trouvaient à la contrescarpe du fossé, qu'ils allaient pouvoir bientôt percer ; « nos soldats s'approchent si près des murailles qu'eux et les ennemis se sont déjà touchés à coups de pique, et il y a brèche. Les prisonniers qu'on leur a faits, soit pour nous gratifier, comme il n'est que trop ordinaire, soit pour ce qu'il en est ainsi, assurent qu'il faut contraindre à coups de bâton les soldats à tirer, et même à paraître sur les bastions de la place assiégée.

» Cependant les Croates surtout se conduisirent vaillamment en plusieurs circonstances ; mais les édiles et les habitants firent preuve d'un louable empressement à défendre les murs de leur cité. Entre tous, il faut nommer Jean-Baptiste du Val, sieur de Berles, qui, pendant toute la durée du siège, fit preuve d'une fidélité inaltérable, et rendit de si grands services que l'on s'étonnait qu'il pût résister à tant de veilles, tant de peines et tant de fatigues. »

Dans la nuit du 25 au 26 juillet, les régiments de Bourdonné et de Vervins firent jouer une mine à la demi-lune de l'attaque de Châtillon et s'en emparèrent à la suite d'un combat de trois heures.

Le 27, une autre demi-lune était prise à l'attaque de la Meilleraye par le régiment de Champagne. Un capitaine espagnol, ayant voulu s'opposer à cette attaque, sortit de la place avec ses soldats, qui tous étaient ivres ; il fut blessé et fait prisonnier. Plusieurs de ses hommes furent tués, et les autres évitèrent un sort semblable en rentrant dans la ville.

Les vivres entrés au camp sous l'escorte de Saint-Preuil se trouvèrent bientôt absorbés, quoique le roi eût écrit aux généraux le 20 juillet qu'ils devaient les faire durer quinze jours : il y en avait à peine pour huit jours.

Vers les derniers jours du mois, les soldats commençaient à souffrir de la faim. D'autre part, la poudre allait manquer, aussi la ménageait-on le plus possible, et les assiégeants restaient cinq ou six jours sans tirer. Toutefois, l'espoir de l'arrivée prochaine d'un convoi important promis par la cour fit prendre aux soldats leurs maux en patience.

De leur côté, les soldats de l'armée du cardinal-infant souffraient également de l'insuffisance de vivres. Ils ne pouvaient plus en tirer que de Lille, car « ceux de Cambrai et de Bapaume ne leur pouvant plus rien fournir, attendu le dégât fait autour d'eux, qui les menaçait de famine ; » aussi plusieurs soldats espagnols quittèrent l'armée. Le pain de munition s'y vendait quarante sous.

Déterminés à prendre Arras à quelque prix que ce fût, Louis XIII et Richelieu se virent dans la nécessité de former une seconde armée pour le grand convoi qu'ils avaient annoncé aux assiégeants. Déjà, le 23 juillet, la Ferté-Imbault arrivait à Amiens avec trois mille hommes. Le lendemain, le prince de Richemont conduisait deux mille hommes sur les frontières de la Picardie et de l'Artois. Du Hallier, rappelé de Lorraine, traversait Amiens le 29 juillet avec toutes ses troupes, qui se composaient de deux mille hommes de chevaux et de cinq à six mille fantassins. Le baron de Sirot, qui servait sous du Hallier, raconte dans ses *Mémoires* que celui-ci, pour ne point retarder sa marche, avait laissé derrière une partie du bagage. D'après le même Sirot, l'armée de du Hallier, forte de huit mille hommes, se trouva ensuite renforcée des quatre mille hommes formant le corps de réserve de Picardie, que commandait la Ferté-Imbault, et des quatre mille soldats composant la maison du roi. Cette armée comptait donc au total seize mille hommes ; son artillerie était de douze pièces de canon.

Le marquis du Hallier se trouvait à Doullens le 1er août. Le convoi de vivres et de munitions qu'il devait escorter était prêt à partir. Huit mille charrettes allaient être conduites au camp devant Arras.

Du Hallier fit prévenir les assiégeants de son arrivée à Doullens. Cette nouvelle fut accueillie avec le plus vif enthousiasme, car les provisions étaient sur le point de manquer.

En effet, un pain de munition, d'après un témoin oculaire, valait soixante sous ; le pot de vin, dix livres. La viande y était si rare que les soldats faisaient du potage avec du suif de chandelle ; la chair des chevaux s'y mangeait aussi communément que le bœuf ; on y mangeait des chevaux morts ; la viande de bourrique remplaçait celle de mouton.

Le mercredi 1er août, du Hallier arrivait à Doullens avant midi et faisait mettre son armée en ordre de bataille dans la plaine qui domine cette ville au nord. Vers six heures du soir, il se mettait en marche en faisant un long détour pour éviter le camp des Espagnols à Wailly, à Rivière et aux environs. Cet officier commandait l'avant-garde, et la Ferté-Imbault l'arrière-garde ; l'artillerie et les charrettes se trouvaient au centre ; une partie des troupes, sous le commandement de M. d'Hocquincourt, gardait les côtés. Parmi les maréchaux de camp se trouvaient Saint-Preuil, Troisvilles, Lenoncourt, etc.

Le jeune Cinq-Mars, commandant l'escadron des volontaires, rejoignit l'armée de du Hallier auprès de Doullens. Cet escadron se composait des plus grands seigneurs de la cour, et Montglat rapporte que Louis XIII avait tellement à cœur la prise d'Arras qu'il voulut demeurer seul avec son frère à Amiens, et qu'il « envoya toute sa garde, tous ses domestiques, et généralement tout ce qui portait l'épée, jusqu'aux vieillards, dont pas un ne voulut demeurer en cette occasion. »

Ainsi qu'il avait été convenu avec du Hallier, la Meilleraye et le duc de Chaulnes sortirent des lignes le mercredi 1er août au soir avec huit mille fantassins et quatre mille cavaliers pour se rendre au-devant du convoi. Ces troupes marchèrent toute la nuit, car elles firent un assez long circuit pour éviter l'armée ennemie ; les fantassins reçurent l'ordre de cacher les mèches et de marcher le plus silencieusement possible.

A la pointe du jour, du Hallier arrivait à Beaufort, où il voulut faire halte en attendant la Meilleraye, mais quelques-uns de ses officiers exprimèrent l'avis de ne s'arrêter nulle part afin d'arriver plus tôt au camp. Pendant cette discussion, les éclaireurs de du Hallier échangeaient quelques coups de mousquet contre les batteurs d'estrade de la Meilleraye. Des deux côtés, on crut avoir affaire aux Espagnols, que l'on s'attendait à rencontrer à chaque instant. Les deux généraux firent ranger leurs troupes en bataille et se disposèrent à se défendre. Mais les éclaireurs, s'étant ensuite reconnus, en donnèrent avis aux généraux, et la jonction des deux armées se fit près d'un bois. Un courrier fut aussitôt envoyé au roi pour lui apprendre cette nouvelle. « Alors, dit Montglat, le silence fut rompu, et tous les tambours, timbales et trompettes commencèrent à faire beau bruit ; tous les soldats jetaient des cris d'allégresse de voir leur pain arrivé, et faisaient sauter leurs chapeaux en l'air, en signe de réjouissance. »

Le même auteur n'a pas manqué de faire observer la différence existant entre les volontaires des deux armées, car, tandis que les gentilshommes « qui venaient du siège étaient hâlés, vêtus de gros buffles, maussades et crasseux, ceux qui venaient de la cour étaient couverts de broderies d'or et d'argent avec de belles plumes et parés comme pour aller au bal. » Les premiers étaient joyeux d'avoir du pain et embrassèrent leurs libérateurs avec effusion, et tous témoignèrent la joie qu'ils éprouvaient de se mesurer bientôt contre les Espagnols.

Les deux armées s'étant mises en marche pour se rendre au camp, la Meilleraye fit faire halte une demi-lieue plus loin, et « on mit les nappes sur l'herbe pour déjeuner. » Si l'on en croit la *Gazette* du 10 août, les officiers et les soldats témoignèrent en cette circonstance qu'ils avaient « plus d'une faim, la principale étant celle de combattre. »

Pendant l'absence de la Meilleraye et du duc de Chaulnes, le maréchal de Châtillon était resté pour la défense des lignes avec treize à quatorze mille hommes, tant infanterie que cavalerie ; il avait pour maréchaux de camp les comtes de Guiche et de Gransey, et le marquis de Praslin. Après qu'il eut distribué les quartiers, il lui resta un bataillon du régiment des gardes, quatre régiments d'infanterie et trois régiments de cavalerie ; il s'en fit un corps de réserve, afin de pouvoir secourir les quartiers qui pourraient être attaqués.

Aussitôt que le cardinal-infant eut appris par ses espions que les maréchaux de Chaulnes et de la Meilleraye étaient sortis du camp avec une partie de leurs forces pour aller au-devant du convoi préparé à Doullens, il assembla son conseil de guerre. Les ennemis, dit Montglat, avaient le choix entre l'un des trois partis suivants : se rendre au-devant du convoi de du Hallier, ou attaquer le corps de la Meilleraye avant sa jonction, ou enfin essayer de forcer les lignes.

Le cardinal-infant pouvait être assuré à l'avance du succès de l'un de ces trois projets, car il disposait de dix-huit mille fantassins et de neuf mille cavaliers. Mais les avis furent partagés dans son conseil, et, après avoir perdu un temps précieux à délibérer, les Espagnols se décidèrent à attaquer les lignes,

Au point du jour, le comte de Guiche, rapporte Pontis, qui était présent à l'entretien, eut la conversation suivante avec Châtillon :

« Monsieur, voilà les ennemis qui paraissent ; il faudrait aller au-devant d'eux avec quelques escadrons de cavalerie, afin de rompre leur premier effort et les empêcher de forcer nos retranchements. »

» M. le maréchal de Châtillon, qui était, comme l'on sait, d'un fort grand froid, répondit sans s'émouvoir :

« Monsieur, il ne s'agit pas d'aller combattre l'armée ennemie, mais seulement de défendre nos tranchées.

— Mais, Monsieur, continua M. de Grammont, c'est aussi pour les défendre que je veux aller au-devant des ennemis : celui qui attaque est d'ordinaire le plus fort.

— Oui, Monsieur, repartit M. de Châtillon ; et si vous êtes repoussé, qui défendra vos tranchées ? Voyez-vous, ajouta-t-il en montrant Arras, cette ville-là est notre maîtresse. Il ne s'agit que de la prendre, et il le faut faire à quelque prix que ce soit, en répandant s'il est besoin jusqu'à la dernière goutte de notre sang. Il ne faut point aller chercher les ennemis ; il faut les attendre de pied ferme et voir ce qu'ils nous diront.

— Ah ! Monsieur, répliqua M. de Grammont fort en colère, c'est une jalousie que cela. Vous me faites un affront de m'arrêter en cette occasion. Je m'en plaindrai au roi.

— Oui, Monsieur, je trouverai bon que vous en fassiez vos plaintes, répondit M. le maréchal, et je vous prie de m'avertir quand vous le ferez, afin que j'y sois présent. Mais cependant, Monsieur, sur mon honneur, retournez-vous-en à votre poste, et n'en sortez pas. »

» M. de Grammont, fort offensé, ajoute Pontis, se retira en disant qu'il ne pouvait pas ne point obéir au général, mais qu'il s'en plaindrait hautement. »

Sans perdre un instant, Châtillon donna l'ordre à l'infanterie et à la cavalerie de se porter immédiatement sur la redoute que défendait le comte de Guiche.

Voyant la bonne contenance de ses adversaires, le cardinal-infant sembla hésiter et « s'arrêta trois ou quatre heures derrière les masures d'un village ruiné, sans oser avancer. » Le conseil de guerre entra de nouveau en délibération, et les avis furent encore différents. Tandis que Lamboy et quelques autres officiers proposaient d'attaquer les lignes en deux endroits,

Silva et Roze, qui, la veille, avaient repoussé l'idée de marcher sur le convoi, s'opposèrent de nouveau à l'exécution du projet de Lamboy. « Il ne se faut pas tant précipiter dans une affaire de cette importance, dirent-ils. Nous ne voulons point nous rendre responsables des suites fâcheuses que peut avoir la ruine d'une armée dont la conservation des Pays-Bas dépend uniquement. Qu'on attaque les lignes, à la bonne heure. Mais voyons premièrement par où et comment cela se peut faire plus sûrement et avec moins de danger. »

Le véritable motif de l'opposition que rencontrait le cardinal-infant dans son conseil a été parfaitement expliqué par Michel le Vassor. Le gouverneur des Pays-Bas n'aimait point le duc d'Olivarez, qui le lui rendait bien. Or, celui-ci, craignant que le prince n'acquît une trop grande réputation, avait recommandé à ses deux confidents, don Philippe de Silva et le président Roze, de modérer l'ardeur du cardinal-infant. Ces deux personnages remplirent si bien leur mission qu'ils perdirent plus de quatre heures dans cette seconde délibération et firent manquer la plus belle occasion qui se fût présentée de s'emparer des lignes.

Châtillon fit tirer plus de cent coups de canon sur les masures du village où s'étaient établis les Espagnols. Le cardinal-infant quitta alors son poste en faisant semblant de retourner à Rivière et à Bailleulmont, où se trouvait son quartier, mais c'était une ruse.

A l'approche des ennemis, Châtillon avait dépêché un courrier à la Meilleraye pour l'informer d'une attaque probable de la part des Espagnols ; Gassion partit aussitôt à toutes brides avec mille cavaliers. L'escadron de volontaires que commandait le duc d'Enghien, parmi lesquels se trouvaient les ducs de Mercœur et de Beaufort, partit en même temps que Gassion.

Les Espagnols ayant ensuite opéré un mouvement de retraite, Châtillon envoya un second courrier pour rassurer la Meilleraye ; c'est sur cette nouvelle que celui-ci fit faire halte à ses troupes, comme nous l'avons dit plus haut. En envoyant ce nouveau courrier, Châtillon voulait-il, comme l'insinue le Vassor, s'attribuer à lui seul tout le mérite de la défense des lignes? Il serait téméraire de l'affirmer. Mais, au contraire, dans quelles transes devait alors se trouver ce bon général.... L'affront subi par lui devant Saint-Omer dut lui occasionner de bien terribles angoisses.

En renonçant à l'attaque de la redoute que défendait le comte de Guiche, les ennemis n'avaient point renoncé à l'attaque des lignes de circonvallation. En effet, ils se portèrent en toute hâte sur le fort de Rantzau, situé à neuf cents pas en avant des lignes, et qu'ils croyaient faiblement gardé ; ils avaient remarqué en outre que, sur ce point, l'infanterie française ne pouvait être secourue par la cavalerie. Cette attaque eut lieu le jeudi 2 août vers neuf heures du matin, et non le 1er août, comme le dit Montglat.

Les Espagnols, suivant la relation de Châtillon, firent avancer cinq gros escadrons et quatre bataillons avec six pièces d'artillerie sur le fort de Rantzau. L'attaque fut vive, mais le régiment de Roncherolles, qui défendait ce fort et disposait de deux pièces de canon, repoussa deux ou trois assauts tentés par les ennemis ; cependant ceux-ci, revenant en plus grand nombre, parvinrent à se rendre maîtres du fort et taillèrent en pièces les soldats de Roncherolles.

Le comte de Gransey, Dandelot, fils de Châtillon, et plusieurs autres officiers s'avancent alors sur le fort et s'en rendent maîtres à la suite d'un violent combat ; mais il est bientôt repris par les ennemis, revenus à la charge. Les soldats français rentrèrent dans les lignes.

L'action avait duré pendant trois heures suivant Puységur, quatre heures selon Bassompierre et près de cinq heures d'après Montglat. Quoi qu'il en soit, quatre cents Espagnols étaient tombés sur la place, et le reste fut repoussé en désordre derrière le fort de Rantzau.

Le maréchal de Châtillon eut son baudrier coupé d'un coup de mousquet et son cheval tué sous lui d'un boulet. On vint le prévenir que son fils aîné, Dandelot, venait d'être tué. Châtillon répondit que son fils « était bien heureux d'être mort dans une si belle occasion pour le service de son roi. » Cette réponse, rapportée par Puységur, a fourni à le Vassor une nouvelle preuve de malveillance contre l'un des meilleurs officiers de l'armée de Louis XIII. « Je louerais la réponse du maréchal, dit-il, comme un sentiment héroïque si je ne craignais que le plaisir secret d'un glorieux avantage remporté ne l'eût rendu, plus que toute autre chose, insensible à la perte de son fils. Ne fut-ce point aussi un effet de son indolence naturelle? »

Peu d'instants avant l'attaque du fort de Rantzau, les assiégés, au nombre de trois mille, firent une fausse sortie sur le quartier de Châtillon. Puységur fut envoyé avec deux régiments pour les contenir. Mais on s'aperçut presque aussitôt que huit escadrons, soutenus par une nombreuse infanterie, sortaient d'un autre côté de la ville pour charger par derrière en temps opportun. Le duc de Beaufort et le marquis de Beaumont s'opposèrent à leur sortie avec quatre escadrons de volontaires qu'ils conduisaient. C'est à la suite de cette tentative que Lamboy se porta sur le quartier de Rantzau.

Les ennemis se fortifièrent dans le fort qu'ils venaient de prendre; ils y amenèrent trois chariots chargés de fascines qui devaient servir à combler les tranchées; de plus, chaque cavalier portait une fascine en croupe et chaque fantassin en portait une au dos.

On vint alors prévenir Châtillon que les ennemis attaquaient les lignes et que tout était perdu : « Attendez, répondit-il froidement, attendez qu'ils aient tout fait. »

Cependant la situation était des plus critiques. Châtillon avait envoyé un nouveau courrier à la Meilleraye ; c'est alors que celui-ci, coupant court au déjeuner de ses soldats et laissant le convoi en arrière, donna l'ordre de reprendre la marche en toute hâte. Cinq-Mars arriva d'abord avec le corps de volontaires qu'il conduisait, aussi Châtillon n'a-t-il point manqué, dans la relation qu'il fit de ce combat, de signaler l'arrivée de ce jeune seigneur comme le premier secours qui devait sauver ses soldats. « Il voulait aller donner avec la bonne compagnie qu'il amenait dans le fort que les ennemis venaient de regagner. Mais le maréchal de Châtillon le retint par ses prières, et par son autorité même, qu'il fut obligé d'employer. Sa présence apporta grande joie aux chefs et aux troupes. »

Les volontaires de Cinq-Mars furent suivis à peu de distance des marquis de Coislin et de Varennes, envoyés par la Meilleraye, et conduisant les régiments de Champagne, de Piémont et de la Marine. En arrivant près des lignes, ces troupes reconnurent, au bruit et à la fumée du canon et aux salves de mousqueterie, que le combat restait encore engagé.

Ce secours arrivait fort à propos, car les lignes étaient forcées, et les soldats de Châtillon, succombant sous le nombre, combattaient dans la plaine et faisaient tous leurs efforts pour que les ennemis ne pussent jeter du secours ou entrer dans la place.

Les nouveaux venus avaient pénétré dans la circonvallation du côté de Mont-Saint-Éloy, à l'opposé de l'attaque. La Meilleraye et Chaulnes arrivèrent quelques instants plus tard et allèrent rejoindre Châtillon après avoir parcouru un long circuit ; du Hallier arriva une demi-heure après avec son armée.

Châtillon envoya aussitôt un corps de réserve de quatre mille cavaliers contre les ennemis ; ceux-ci furent attaqués si vigoureusement qu'ils durent abandonner les lignes. « Ce fut alors, dit Pontis, qu'on reconnut, et que M. de Grammont avoua lui-même, que ç'avait été un coup de sagesse à M. de Châtillon d'avoir empêché qu'il ne sortît avec la cavalerie, puisque ce fut elle qui sauva tout, étant demeurée dans le camp. »

Après l'arrivée dés troupes françaises dans les lignes, le nombre des soldats pouvait être évalué à plus de quarante mille. C'est alors que les rôles se trouvèrent intervertis ; et, suivant l'expression si juste de Montglat, d'attaqués qu'ils étaient, les Français devinrent assaillants.

Les régiments de la Marine, de Navarre et des Gardes, envoyés pour reprendre le fort de Rantzau, furent repoussés par l'armée espagnole, qui s'était rangée en bataille derrière ce travail. Saint-Preuil proposa alors de combler les lignes et de marcher droit aux Espagnols pour leur livrer bataille ; mais Châtillon, qui n'avait qu'un but, prendre Arras, fut d'avis de ne rien hasarder.

La Meilleraye avait fait disposer trente pièces de canon, et, pendant le reste de la journée, les deux armées, séparées par les lignes, ne firent « autre chose que se canonner. »

Les Espagnols, reconnaissant qu'ils ne pouvaient continuer la lutte, abandonnèrent le fort de Rantzau et se retirèrent, laissant de mille à douze cents hommes sur la place. Les canons établis par la Meilleraye sur le bord des lignes produisirent de nombreux vides dans les escadrons ennemis. « C'était un effroyable spectacle, lit-on dans la *Gazette* du 10 août, de voir les estomacs de leurs gens ouverts par l'artillerie, dans lesquels on voyait l'orge toute crue dont la faim les avait contraints de se remplir. »

Ce combat avait duré près de dix heures, et l'action principale eut lieu de midi à cinq heures du soir. Les ennemis perdirent près de deux mille hommes, tant tués que blessés ; les pertes des Français furent de quatre cents morts ou blessés d'après la *Gazette*, mais de mille quatre cents suivant Michel le Vassor.

Le baron de Sirot rapporte que du Hallier avait donné le conseil de faire sortir des lignes quatre mille cavaliers et deux mille mousquetaires pour soutenir les premiers, et d'envoyer ces six mille hommes contre les troupes qui attaquaient le fort de Rantzau. Ce projet était excellent et n'eût pas manqué de donner les meilleurs résultats. Mais la Meilleraye, qui voulait s'attribuer tout le mérite du siège, s'opposa à l'exécution du dessein de du Hallier. Le maréchal, si l'on en croit Sirot — et il n'y a aucune raison d'en douter, — témoigna un vif mécontentement de ce que l'on supposerait que l'arrivée du convoi avait forcé l'ennemi à se retirer. Dans le feu de la discussion, la Meilleraye s'emporta et dit à du Hallier qu'il se passerait son épée au travers du corps s'il croyait que ce résultat fût attribué au secours qu'il lui avait amené.

Du Hallier se montra justement indigné du procédé de la Meilleraye ; il prit alors la résolution de retourner à Doullens le lendemain pour assurer la marche du convoi dont une partie seulement était arrivée au camp.

Les maréchaux de Chaulnes et de Châtillon surent reconnaître le service rendu par du Hallier et le remercièrent chaleureusement ; ils « avouèrent que, sans sa diligence et son arrivée, la ville courait fortune d'être secourue et perdue pour le roi. »

A la suite du combat du 2 août, les généraux français envoyèrent plusieurs détachements sur les derrières des ennemis afin de connaître leur marche, car, en se retirant, ceux-ci promirent de revenir pour une seconde tentative.

Avant son départ pour Doullens, le 3 août, du Hallier signa avec les trois maréchaux de France la sommation envoyée aux « gouverneur, maïeur, conseil et habitants de la ville d'Arras. » Elle était conçue en ces termes :

« Puisque votre secours fut repoussé hier à votre vue, que l'armée venue pour vous délivrer s'est retirée, que vous avez fait toute la résistance qui se pouvait attendre, et que vous vous trouvez en état d'être bientôt réduits à l'extrémité, tout prétexte cesse maintenant, et l'obstination des gens de guerre, qui n'ont rien à perdre, est seule capable de vous retenir. Ce trompette du roi a ordre de vous déclarer de notre part que si vous ne voulez envoyer des députés pour traiter de la capitulation, vous n'y serez plus reçus, et qu'on exercera contre vos personnes et contre vos familles tous les actes d'hostilités dont la rigueur des armes est ordinairement accompagnée. »

Les assiégés répondirent ironiquement qu'ils n'étaient pas encore en état de parler. C'est ce qui fit dire à Renaudot, en plaisantant, dans sa *Gazette* du 8 : « Nous espérons que le régime de vivre qu'on leur fera observer et l'effet de notre poudre leur feront revenir la parole. »

Suivant Montglat, Eugène O'Neil aurait répondu « fièrement qu'il n'avait jamais espéré de se sauver par la nécessité des vivres de l'armée française, ni par le secours de l'espagnole, mais par sa propre résistance et la vigoureuse défense de ceux de la ville, qui étaient résolus de périr sur la brèche plutôt que de se rendre. Pour faire voir sa résolution, il voulut tenter de reprendre la demi-lune de Châtillon, mais sans effet. »

Toutefois, les assiégeants constatèrent que les défenseurs de la place ne les insultaient plus du haut de leurs remparts, comme ils l'avaient fait jusque-là.

Les mines furent alors poussées avec une très grande activité ; dès le 4 août, l'une d'elles s'avançait de douze pieds sous le rempart de la ville.

Le 7 août, un convoi de neuf cents charrettes, parti de Doullens sous l'escorte de du Hallier et de Saint-Preuil, arriva au camp des assiégeants. Le même jour, la Meilleraye somma une seconde fois les habitants d'Arras de rendre leur ville. Ils lui répondirent qu'ils ne pouvaient rien faire sans l'ordre du cardinal-infant et ne sauraient lui donner satisfaction à ce sujet que dans trois mois. Sur cette réponse ironique, le grand maître fit jouer aussitôt une mine préparée du côté de son attaque ; une seconde mine, du côté de l'attaque de Châtillon, devait jouer le lendemain.

Cependant les généraux de l'armée française s'attendaient à voir arriver incessamment le cardinal-infant avec ses troupes dans le but de tenter un nouvel effort contre les lignes. Le 7 août, Châtillon écrivait à des Noyers : « Il ne reste aux ennemis que ce seul coup de désespoir. »

Le 8 août, les assiégés reçurent une nouvelle sommation. Il leur fut offert, dit Pontis, de visiter la brèche faite la veille. Onze des principaux bourgeois s'y rendirent aussitôt, « et, ayant vu toutes choses, ne doutèrent plus de l'impossibilité qu'il y avait à résister plus longtemps. » Il leur fut accordé une heure pour la réponse qu'ils devaient faire, car les assiégeants craignaient qu'ils n'éventassent la mine prête à jouer. Les parlementaires, en rentrant dans la place, proposèrent de capituler pour éviter le sac des villes prises d'assaut. Mais la garnison et le menu peuple, qui n'avaient rien à perdre, refusèrent de recevoir des otages. Toutefois, on s'entendit sur une trêve ; on s'engagea de part et d'autre à cesser tout acte d'hostilité jusqu'au lendemain 9 août, à midi, si les assiégés n'étaient point secourus.

La nuit venue, des feux furent allumés dans les clochers

et sur les points élevés de la ville afin d'indiquer aux éclaireurs du cardinal-infant que la place était réduite à toute extrémité.

Le gouverneur des Pays-Bas s'était retiré à Douai après le combat du 2 août. Quelques jours plus tard, son armée se trouva renforcée du corps opposé au prince d'Orange en Hollande et des troupes du général Beck, tirées des places de la Meuse.

Le 9 août, le cardinal-infant quittait Douai avec toutes les forces dont il disposait, passait entre Mont-Saint-Éloy et le camp des assiégeants et se présentait en vue des lignes à huit heures du matin.

Les assiégés ne rompirent point la trêve et ne tirèrent aucun coup de mousquet ; ils causaient même du haut de leurs remparts avec les assiégeants, leur assurant qu'ils demeureraient simples spectateurs du combat qui allait se livrer et dont l'issue déterminerait leur nationalité future.

La Meilleraye, qui avait prévu cette tentative, écrivit à du Hallier de se rendre en toute hâte au camp avec ses troupes. Cet officier, oubliant les injures du grand maître pour ne voir que les intérêts du roi, se mit en marche aussitôt et arriva dans les lignes de grand matin ; il opposa son armée à celle du cardinal-infant et la rangea en bataille à une portée de canon.

Ce renfort, auquel ne s'attendaient point les Espagnols, modifia singulièrement leur attitude ; ils n'osèrent point avancer et se bornèrent à tirer quelques volées de canon.

Michel le Vassor rapporte que Gassion sortit des lignes avec quelques cavaliers et s'avança en éclaireur du côté des ennemis. Ayant rencontré des coureurs allemands, il leur dit, à la suite d'une légère escarmouche : « Que je plains le malheur de tant de braves gens qui vont s'exposer à la boucherie pour une ville rendue dès hier ! »

Ce propos fut reporté au cardinal-infant; il y ajouta d'autant plus aisément foi que déjà on l'avait informé de l'arrivée des otages de la ville dans le camp. En outre, il avait pu s'assurer lui-même que, depuis le matin, aucun coup de mousquet n'avait été tiré de la ville. Cette supercherie produisit l'effet qu'en attendait Gassion. Jugeant qu'il serait téméraire d'engager la lutte contre des forces supérieures en nombre, le cardinal-infant prit le parti, les larmes aux yeux, d'abandonner son projet. Il se retira à Sailly.

La Meilleraye fit alors sommer la ville de nouveau. Neuf des principaux habitants sortirent avec plein pouvoir pour traiter. La garnison obtint une sortie honorable, et les habitants, que l'on voulait éviter de pousser au désespoir, reçurent la confirmation de leurs privilèges, et les conditions de la capitulation furent assez douces.

Les assiégés offrirent de recevoir la garnison française dès le soir du 9 août; mais les généraux, craignant du désordre, remirent leur entrée au lendemain.

Le 10 août, les soldats espagnols, qui avaient quitté la ville le 9 au nombre de quinze cents fantassins et de cinq cents cavaliers, furent conduits à Douai sous l'escorte de deux cents cavaliers français. Ils sortirent tambour battant, mèche allumée des deux bouts, enseignes déployées, et emportèrent leurs bagages. Les soldats français entrèrent alors dans la place, où, pendant quatre nuits, ils couchèrent dans les rues, « sans entrer dans aucune maison. » L'abbé Arnauld raconte que les moines et les bourgeois d'Arras s'empressaient de montrer aux soldats français les fleurs de lis que l'on voyait par toute la ville « comme autant de témoignages qu'ils avaient été autrefois sujets de la France. »

Le roi et son ministre éprouvèrent la satisfaction la plus vive de la reddition d'Arras, dont le gouvernement fut confié à Saint-Preuil. Ils s'empressèrent de féliciter chaleureusement les généraux d'avoir donné à la France « les clefs du pays d'Artois. »

Le 11 août, du Hallier retournait à Doullens avec son armée. Les soldats de la Meilleraye et ceux de Châtillon, restés à Arras, furent occupés à combler les tranchées, à réparer les brèches et à raser les forts pour qu'ils ne servissent point à l'ennemi. Ces travaux furent conduits avec une telle activité que, le 25 août, Richelieu pouvait écrire à Châtillon : « Si les ennemis tentaient d'assiéger à leur tour Arras, ils ne parviendraient pas à la reprendre ; la place est bien fournie de vivres et de munitions.... »

Le 3 septembre, les maréchaux, laissant une garnison de cinq mille fantassins et de huit cents cavaliers à Arras, quittèrent cette ville et allèrent camper à Aubigny, où ils établirent un fort.

Le cardinal-infant et Lamboy se trouvaient entre Lens et Lille ; le duc de Lorraine et le général Beck s'étaient retirés au delà de Douai ; ils n'avaient d'autre but que de s'opposer à la marche des fourrageurs de l'armée française. Les forces réunies des Espagnols étaient de seize mille fantassins et de sept mille cavaliers. Les Français ne comptaient que quatorze mille fantassins et six mille cavaliers.

Le 12 septembre, Cantelmo s'avança à Magnicourt-en-Comté avec quatre mille chevaux et deux mille hommes de pied ; il y dressa une embuscade et fit attaquer Gassion, qui conduisait l'escorte des fourrageurs. Malgré la bravoure du capitaine béarnais, ses soldats eussent été taillés en pièces si Châtillon ne lui eût envoyé du secours.

A la suite de ce combat, qui ne laissa pas d'être sanglant, les Espagnols rassemblèrent toutes leurs forces à Caucourt, village situé à une lieue et demie d'Aubigny.

Le 16 septembre, Châtillon envoya Gassion avec quatre cents cavaliers et quatre cents mousquetaires contre les gardes avancées des ennemis, dans le but d'attirer les Croates en campagne et de reconnaître leur camp. Une légère escarmouche fut livrée entre les soldats de Gassion et ceux du colonel Ludovic.

Moins de trois semaines après leur arrivée à Aubigny, les soldats de l'armée française furent obligés de décamper, car l'air était infecté par la décomposition des cadavres et des charognes laissés sur le sol. Le 30 septembre, Châtillon se retirait à Habarcq. Aussitôt après son départ, Lamboy alla camper à Aubigny.

La campagne de 1640 était alors considérée comme finie. Les Français se bornèrent à quelques courses dans le but de vivre aux dépens des pays ennemis. Les Espagnols ne firent autre chose que de s'opposer aux fourrageurs. A la fin du mois d'octobre, les soldats de Châtillon et ceux de la Meilleraye et de du Hallier rentrèrent en Picardie pour y prendre leurs quartiers d'hiver.

Le principal effort de la campagne de 1641 devait se porter dans les Pays-Bas. Deux armées furent mises sur pied; la plus forte était commandée par la Meilleraye; la seconde, placée sous les ordres de Châtillon, devait opérer en Champagne.

Le 6 juillet, le maréchal de Châtillon livrait bataille à la Marfée, près de Sedan, au comte de Soissons et au duc de Bouillon, dont il avait laissé réunir les deux armées. Ce fut un véritable désastre pour Châtillon, dont la cavalerie lâcha pied. Resté seul sur le champ de bataille avec sept ou huit combattants, il fit de vains efforts pour rallier les fuyards.

Le 9 juillet, Richelieu, écrivant à Bouthillier, surintendant des finances, lui disait : « Les ennemis avaient sept mille hommes de pied au plus et deux mille à deux mille cinq cents chevaux. M. de Châtillon avait trois mille chevaux effectifs, et, si vous voulez juger son infanterie par le pain, il donnait dix-huit mille rations à son armée, qui cependant ne faisait de soldats effectifs que neuf mille hommes. Ainsi, nous avions douze mille hommes effectifs contre neuf mille ou neuf mille cinq cents. Nous avions, en outre, une rivière devant nous dont il était fort aisé d'empêcher le passage.

» Mais les ennemis avaient beaucoup de vigilance et d'industrie, et nous beaucoup de paresse, point de prévoyance, et encore moins de savoir-faire.

» M. de Châtillon avait choisi le jour auparavant un champ de bataille avantageux pour prendre les ennemis à demi passés; mais s'il eut assez de lumière pour voir qu'il en fallait user ainsi, sa pesanteur et sa léthargie perpétuelle donnèrent lieu aux ennemis non seulement de passer, mais même de prendre le champ de bataille qu'il avait choisi le jour auparavant. Je ne parle point du mauvais ordre qu'il y eut dans le combat, parce que le temps nous en apprendra les particularités. »

Dans une lettre écrite par Richelieu le 8 juillet au maréchal de Châtillon, le cardinal s'était montré assez dur : « Dieu a voulu châtier le comte de Soissons, disait-il, et nous donner un coup de fouet; nous l'avons tous bien mérité pour nos péchés particuliers, et vous, pour l'irrésolution que vous avez de longtemps à faire ce que vous savez bien pouvoir et devoir en votre conscience; je vous prie d'y penser sérieusement en cette occasion. »

Après la défaite de la Marfée, Châtillon se retira du service. Anne d'Autriche érigea pour lui la terre de Châtillon en duché-pairie après la mort du roi; c'est dans cette terre qu'il mourut le 4 janvier 1646.

Tallemant des Réaux, au récit duquel nous ferons quelques

emprunts, affirme qu'il n'y avait personne dans le parti huguenot aussi considérable que le maréchal de Châtillon. Il jouissait de toute la considération dont avaient été revêtus son père et son aïeul ; au premier signal, il pouvait mettre quatre mille gentilshommes à cheval. Il avait l'honneur d'être assez prompt pour être appelé brutal ; c'était pourtant un fort bon homme, mais incapable de direction et de discipline. Il était joueur, et il lui arrivait souvent, lorsqu'il perdait, de descendre au jardin et d'y secouer un arbre pendant plus d'un quart d'heure.

Au siège d'Arras, Châtillon eut un cheval tué sous lui : « Ah ! dit-il sans s'émouvoir, ces gens-là sont importuns ; cela n'est point plaisant. J'avais là un bon cheval. »

Le duc de Chaulnes, qui était le plus ancien maréchal, vint dire à son collègue après la prise du fort Rantzau :

« Monsieur, tout est perdu ; les ennemis sont dans les lignes.

— Bien, bien, dit-il ; je les aime mieux là qu'à Bruxelles. Allons, allons, monsieur de Chaulnes, il ne faut pas s'effrayer comme cela. »

C'était, en effet, le plus confiant des hommes. Il disait toujours : « Laissez-les venir, » et on avait une peine étrange à le faire monter à cheval. Il était peu prévoyant et sans réflexion. « Il assurait toujours de prendre, continue Tallemant, et souvent il ne prenait que fort tard ou point du tout. »

III

Le duc de la Meilleraye, maréchal de France.

Prise d'Hesdin (1639). — Prise d'Arras (1640).

Charles de la Porte, d'abord marquis de la Meilleraye, naquit en 1602. Cousin germain du cardinal de Richelieu, il dut son élévation si rapide à l'appui du prélat.

On raconte que Louis XIII n'aimait pas la Meilleraye et que Richelieu en informa son parent; celui-ci se retira aussitôt dans l'antichambre, et, de dépit, il mangea une chandelle. Le cardinal le regarda faire, sans rien dire, mais il ne put s'empêcher d'en rire.

Profondément découragé, le futur maréchal de France vendit tout ce qu'il possédait, notamment sa terre de la Meilleraye, d'un revenu de deux mille livres. Il alla ensuite trouver Richelieu et lui annonça qu'il venait de former le projet d'offrir ses services au roi de Suède : « Puisque vous avez ce courage-là, lui répondit le prélat, attendez; je tenterai tout pour vous. » En effet, le cardinal fit revenir le roi sur la prévention qu'il avait contre la Meilleraye, et, suivant le mot consacré, il « poussa » son parent.

A l'âge de vingt-cinq ans, la Meilleraye leva un régiment

qui prit son nom, et avec lequel il servit au siège de la Rochelle (1627).

Deux ans plus tard, le 6 mars 1629, il se distingua au Pas-de-Suze, et, le 6 août 1630, au combat du pont de Carignan.

Nommé lieutenant général du roi en Bretagne en 1632, la Meilleraye obtenait ensuite le gouvernement de la ville et du château de Nantes.

Il se fit remarquer au siège de la Motte, en Lorraine, en 1634, et, peu de temps après, il était créé grand maître de l'artillerie, par suite de la mort du marquis de Rosny et de la démission du vieux Sully.

Promu maréchal de camp le 17 avril 1635, la Meilleraye devint ensuite mestre de camp d'un régiment de cavalerie, et fut alors envoyé à l'armée des maréchaux de Brézé et de Châtillon. Il prit Orcimont, dans le Luxembourg, et reçut pour mission d'aller reconnaître les forces du prince Thomas de Savoie, que les Français battirent à Avein.

Le nouveau grand maître de l'artillerie se trouva à la prise de Tillemont, à celle de Diest et à celle d'Arschot.

Nommé lieutenant général des armées du roi en 1636, la Meilleraye est envoyé à l'armée de Bourgogne, commandée par le prince de Condé; quelques mois plus tard, il passe dans l'armée de Normandie et se trouve à la reprise de Corbie.

En 1637, il est promu lieutenant général de l'armée de Picardie, et contribue à la prise de Bohain, à celle de Landrecies et à celle de Maubeuge.

Le cardinal de Richelieu n'avait rien tant à cœur que de venger l'affront subi devant Saint-Omer pendant la campagne de 1638. Tandis que les troupes françaises prenaient leurs quartiers d'hiver, le premier ministre se faisait renseigner exactement sur les forces des Espagnols et cherchait à découvrir leur côté vulnérable. Il prit enfin la résolution d'attaquer l'Artois et le Luxembourg. A cet effet, il mit trois armées sur pied. Le commandement de la première fut confié à la Meilleraye; le marquis de Feuquières reçut le commandement de la seconde armée, qui devait opérer dans le Luxembourg, et le maréchal de Châtillon fut investi du commandement de la troisième, qui devait camper vers Guise et Cambrai ; la destination de ce troisième corps restait subordonnée aux besoins des deux autres.

L'armée de la Meilleraye hiverna aux environs d'Abbeville. Le 4 mai, toutes les troupes du premier corps se rassemblaient à Doullens ; le 9, elles entraient en Artois et campaient au bourg de Pernes le 12 mai.

Le lendemain, la Meilleraye détacha le maréchal de camp la Frizelière pour prendre Lillers, qui se rendit à la première sommation. Pendant ce temps, un autre maréchal de camp, Gassion, était envoyé avec douze cents cavaliers et six cents mousquetaires pour reconnaître le passage de la Lys.

Puységur raconte que la Meilleraye, ayant assemblé le conseil de guerre, montra une lettre du roi lui ordonnant d'assiéger une ville dont le nom était écrit en chiffres : c'était la ville d'Aire. Le 15 mai, l'armée du grand maître campait à une lieue de cette ville.

Le 17 mai, Richelieu écrivait au général en chef pour l'informer que son maître lui donnait carte blanche et le laissait libre d'attaquer Saint-Omer, Arras, Hesdin ou Bapaume. La prise de la ville d'Hesdin semblait difficile au cardinal, parce que cette place était bien défendue. Le premier ministre conseillait au grand maître de ravager le plus de pays possible, afin de forcer l'ennemi à livrer combat. Richelieu terminait sa lettre au général en chef en lui donnant le conseil « d'attaquer une place ou prendre un poste si avantageux qu'on ruine le pays pendant cette campagne. »

La Meilleraye reconnut tant de difficultés dans l'entreprise du siège d'Aire, dit Montglat, « tant par la force de la place que par sa situation dans ùn marais, et par l'impossibilité de faire passer des convois, qu'il changea de dessein et fut camper à Thérouanne, d'où il dépêcha le Râle, grand ingénieur à la cour, qui était à Abbeville, pour représenter l'état des affaires et recevoir l'ordre sur ce qu'il avait à entreprendre. » Le roi fit répondre au général qu'il le laissait libre d'assiéger telle place qu'il lui conviendrait.

Sur cette réponse, l'armée rétrograda ; un conseil de guerre fut tenu, et on y décida de faire le siège d'Hesdin. Les espions de la Meilleraye lui avaient appris que le comte de Hanapes, gouverneur de cette place, avait imprudemment envoyé à Aire et à Saint-Omer une partie de sa garnison ; cette circonstance fut aussitôt mise à profit.

La cavalerie de la Meilleraye, forte de sept mille hommes, se présentait devant Hesdin le mercredi 18 mai ; l'infanterie, qui se composait de vingt-cinq mille hommes, arriva le lendemain ; l'artillerie comprenait trente pièces de canon.

Le comte de Hanapes, qui croyait les Français occupés au siège d'Aire, ne fut pas médiocrement surpris de savoir qu'ils s'approchaient d'Hesdin. Il envoya aussitôt deux compagnies de cavalerie en reconnaissance ; le commandant de ce détachement lui apprit à son retour que l'armée française se disposait effectivement à investir Hesdin. Le gouverneur fit, sans plus tarder, brûler les deux faubourgs de la ville, ne laissant même point aux habitants le temps d'emporter leur mobilier.

Quelques détachements de l'armée française s'avancèrent jusqu'aux barrières ; mais l'artillerie de la place les fit reculer. Montglat rapporte que le gouverneur d'Hesdin crut effrayer les assiégeants à l'aide de son artillerie, car il faisait tirer sur un seul homme autant que sur une compagnie; mais il s'en repentit plus tard lorsqu'il manqua de poudre.

Le maréchal de la Meilleraye ayant voulu faire le tour de la place, cette visite faillit lui être funeste, car il reçut un coup de mousquet à l'épaule droite; mais, comme il avait été tiré de loin, la blessure n'offrit aucune gravité.

Le vendredi 20 mai, la ville d'Hesdin était investie. Le siège de cette place allait devenir mémorable dans les annales de l'Artois.

Dans une lettre en date du 22 mai, Richelieu témoignait à son cousin la satisfaction qu'il éprouvait de la résolution qu'il venait de prendre : « Je suis très aise, lui disait-il, que vous ayez assiégé Hesdin n'ayant pu entreprendre le siège d'Aire, comme, en effet, vous ne le pouviez sans beaucoup hasarder les armes du roi pour les raisons contenues au mémoire que vous m'avez envoyé, qui sont fort bonnes.

» Sa Majesté fait état de partir mercredi pour aller vous aider. J'y vais gaiement, pensant que notre petite assistance ne vous sera pas inutile.

» Surtout, en faisant les choses nécessaires, conservez-vous, je vous prie, et vous souvenez qu'il y a beaucoup de choses qui ne sont point d'un général. Je vous conjure encore une fois d'avoir soin de vous.

» Ayant un grand corps d'armée comme vous avez, vous n'oublierez pas, je m'assure, d'envoyer à propos à la guerre pour tâcher d'attraper les ennemis qui s'assembleront un peu au long, à la Weymarde. Cette pensée n'est pas un ordre, mais un avis, que vous suivrez selon que vous le jugerez bon.

» Si vous estimez qu'une circonvallation entière soit nécessaire pour assurer la prise d'Hesdin, il la faut faire, n'y ayant rien à oublier pour venir à bout de ce dessein et se rendre maître de cette place, qu'il faut, avec l'aide de Dieu, emporter hautement.

» Vous n'aurez pas oublié d'envoyer quérir tous les charpentiers des lieux circonvoisins pour vous aider à couper vos bois, et le bon équipage que vous avez à l'artillerie me fait croire que vous ne manquerez d'aucune chose.

» J'espère bien de votre campagne et m'assure que le roi aura grand contentement de votre personne; il est très satisfait de votre siège. »

Pendant le siège de cette place, Richelieu écrivait presque chaque jour à la Meilleraye ; ses lettres prouvent l'importance qu'il attachait à la prise d'Hesdin.

Le 22 mai, Saint-Preuil faisait appel à tous les paysans de son gouvernement et les envoyait travailler aux lignes de circonvallation autour d'Hesdin. L'ordre de Saint-Preuil portait que les paysans devaient se pourvoir de pelles, pics, pioches, bêches, serpes et autres outils, et qu'ils emportassent des vivres pour trois jours. Le 26 mai, les gouverneurs d'Abbeville, de Rue, de Montreuil, d'Ardres et de Calais publiaient une ordonnance semblable dans leurs gouvernements respectifs.

La tranchée principale, qui avait huit pieds de largeur sur six pieds de profondeur, était complètement achevée le 27 mai. La Meilleraye donna aussitôt l'ordre d'attaquer la place. Le lendemain 28, les cinq batteries continuent de jouer.

Le 29, les ennemis essayèrent d'introduire un secours de trois cents hommes, mais ils furent découverts par les batteurs d'estrade qui les dispersèrent.

Afin d'être plus près de l'armée, Richelieu quitta Pontoise le 26 mai, et arriva à Abbeville le 30. Pour éviter un encombrement, Louis XIII, qui était accompagné de toute la cour, prit un autre chemin et fit son entrée dans la capitale du Ponthieu le 31 mai. Le même jour, Richelieu informait la Meilleraye qu'il lui envoyait huit cents paysans du Ponthieu pour la continuation des travaux de circonvallation et le prévenait qu'on en assemblait encore deux ou trois mille. Par une seconde lettre du même jour, il l'avisait que des paysans du Vimeu lui arriveraient le lendemain soir.

Après qu'il eut pris quelques jours de repos, Louis XIII voulut aller voir l'état du siège d'Hesdin. Il quitta Abbeville le 3 juin à six heures du matin et passa par Montreuil, parce que « le chemin est plus en plaine et à découvert et que ses gardes marchaient plus au large. » Le chemin le plus court était celui de Dompierre, mais il n'offrait point la même sécurité ; en effet, il fallait, aux approches de ce village, traverser la forêt de Crécy, où les ennemis se tenaient en embuscade; aussi un grand nombre de paysans du Boulonnais et du Ponthieu reçurent-ils l'ordre d'abattre tous les arbres à deux pieds de terre et de les laisser pêle-mêle sur le sol pour rendre la forêt impénétrable.

« Dès que Sa Majesté fut arrivée, dit Montglat, les batteries des deux attaques furent servies avec tant de soin que les assiégés connurent, aussi bien qu'au feu de la mousqueterie, qu'il y avait dans le camp quelque personne fort considérable; et, l'ayant appris plus particulièrement quelques heures après, le gouverneur envoya un tambour savoir où le roi était logé, afin de ne point faire tirer de ce côté-là ; ce qu'il observa ponctuellement. Sa Majesté coucha dans la tente du grand maître, et, toute la nuit, on ne vit que feu dans la tranchée, chacun faisant effort de se signaler à la vue du souverain. Le régiment de Langeron voulut faire le logement sur la contrescarpe; mais les assiégés, qui, de leur côté, voulaient acquérir de l'honneur en présence d'un si grand monarque, quoique leur ennemi, se défendaient si vaillamment qu'ils repoussèrent ce régiment et l'empêchèrent de s'y loger. Le lendemain, le roi partit du camp et visita en passant le marquis de Varennes, mestre de camp du régiment de Champagne, blessé au bras d'un coup de mousquet, pour donner courage aux autres de s'exposer pour son service. »

Le lendemain, Louis XIII, s'étant fait accompagner par Puységur, visita minutieusement tous les travaux exécutés par les assiégeants autour de la place; il traita avec Puységur pour d'autres travaux de retranchement à faire dans le marais, afin de mettre les assiégeants à l'abri de toute surprise.

A la suite de cette visite, le roi retourna à Abbeville, où il arriva le 4 juin, à sept heures du soir.

Le 8, le régiment de la Marine s'empara d'une demi-lune, après un combat acharné.

Les assiégeants ne cessaient, jour et nuit, de battre les murailles de la place. Malgré les brèches faites en quatre endroits, il était impossible de tenter l'assaut; il fut alors décidé que l'on creuserait une mine. A cet effet, on établit une tranchée couverte allant jusqu'au fossé. Un pont de jonc jeté sur le fossé permit aux mineurs de saper la muraille. Cette besogne était fort périlleuse, et plusieurs mineurs y furent tués, entre autres l'entrepreneur de la mine, qui avait traité à cinquante pistoles pour cette besogne. « Pendant que lesdits mineurs sapaient et arrachaient les grès de la muraille avec des pieds-de-chèvre et autres crochets et engins, dit un annaliste du temps, nos canons battaient sur leurs bastions à dos et en flanc avec nos mousquetaires, qui tiraient sans interruption pour empêcher les assiégés de tirer sur les mineurs. »

Le mardi 14 juin, au soleil couchant, rapporte un témoin oculaire, une immense flamme accompagnée d'une fumée épaisse s'éleva dans l'air, sans aucun bruit, à l'endroit du pont de jonc. « Chacun croyait que c'était la mine qui avait joué. Je m'approchai par la tranchée pour savoir ce que c'était. Je trouvai que ce n'était pas la mine qui avait joué, mais je vis que les assiégés avaient jeté un gabion de bois enduit de feux d'artifice et rempli de poudre à canon à l'endroit où se trouvait le pont de jonc. La moitié de ce pont fut brûlée aux applaudissements des assiégés. Mais les assiégeants se moquèrent de leurs vaines inventions ; ils se hâtèrent de raccommoder le pont de jonc, qui fut mis bientôt en état de servir. »

Le même jour au soir, la Meilleraye donna l'ordre à deux mille hommes de se tenir prêts à monter à l'assaut, car la mine devait jouer le lendemain. Mais il paraît à peu près certain que les assiégés l'avaient éventée, car, dans la soirée du 14 juin, ils firent ranger sur les remparts tous les joueurs de violon d'Hesdin, et crièrent aux assiégeants : « Ah ! canailles ! vous nous minez, nous le savons bien ; mais, patience, pendant que vous ferez jouer votre mine, nous ferons jouer nos violons. »

En effet, pendant toute la nuit, on entendit le son de cet instrument. Les musiciens ne cessèrent qu'au moment où les assaillants mirent le feu à la mine, c'est-à-dire le 15 juin, au point du jour. Mais la tentative des mineurs ne donna point les résultats qu'on en attendait ; l'ouverture qu'elle produisit dans la muraille et sur le bastion n'était pas assez large pour permettre de donner un assaut.

Les assiégeants, qui comptaient sur l'entière réussite de cette mine, avaient disposé des échelles qui mesuraient de dix-huit à vingt pieds de haut sur huit de large, pouvant donner place à quatre hommes de front. Il fallut douze hommes pour les dresser. Enfin, plus de six mille fascines avaient été préparées dans le but de combler les fossés.

Les assiégés tentèrent plusieurs sorties, notamment le 15, le 18 et le 20 juin. Les jours suivants, quoiqu'il fît un temps affreux, les assaillants n'en continuèrent pas moins de canonner la ville et de compléter les divers travaux relatifs aux mines.

Le 27 juin, deux mines étaient prêtes ; on y mit le feu à six heures du soir. Quelques instants après, on put voir deux énormes brèches qui auraient pu livrer passage aux assaillants si les décombres ne les eussent obstruées. L'assaut fut ajourné au lendemain.

Après que les passages des fossés eurent été remis en bon état et les ponts rétablis, la Meilleraye donna l'ordre de tenter l'assaut; mais les assiégés se défendirent courageusement et culbutèrent les Français, qui subirent de grandes pertes.

Le 29, un assaut général devait être tenté quand, au lever du soleil, un tambour se présenta sur la brèche et battit la chamade ; il annonça que ceux de la ville étaient prêts à parlementer.

Si l'on en croit un historien local, le comte de Hanapes aurait demandé à capituler après qu'il eut reçu une fausse dépêche de Piccolomini. Les Français, ayant arrêté un espion envoyé par ce général à Hesdin, trouvèrent sur lui une lettre par laquelle Piccolomini informait les assiégés qu'il arrivait à leur secours. Moyennant une somme considérable, cet espion consentit à se charger d'une autre lettre dont l'écriture contrefaisait parfaitement celle de Piccolomini, et dans laquelle il mandait au gouverneur qu'il ne pouvait lui procurer aucun secours.

La Meilleraye expédia aussitôt un courrier à Louis XIII pour lui donner avis de ce qui se passait. Le roi avait quitté Abbeville la veille pour retourner au camp; il était à Montreuil lorsqu'il reçut le courrier. A dix heures du matin, il arrivait à Hesdin et traitait avec le comte de Hanapes des conditions de la capitulation.

Le 30 juin, la sortie des assiégés se fit dans l'ordre suivant : les deux pièces de canon, la cavalerie, les chariots portant les blessés, les chariots de bagages, quatre mille femmes, filles et enfants, cinq cents fantassins, puis le gouverneur, qui sortit le dernier. Cet officier, blessé d'un éclat de bombe et souffrant de la goutte, se faisait porter dans une chaise. Quand il fut arrivé en face de Louis XIII, qui assistait au départ des assiégés, le comte de Hanapes fit faire halte. Louis descendit de cheval et accueillit avec courtoisie ce vieux gentilhomme, qui tenait à le saluer :

« Sire, lui dit le comte, un grand roi m'avait honoré du gouvernement d'Hesdin, et un grand roi m'en fait sortir. Puisque Dieu a permis que le roi mon maître perdît la place qu'il m'avait confiée, l'honneur de la remettre entre vos mains me console dans ma disgrâce.

— Monsieur, lui répondit Louis XIII, vous avez si bien défendu Hesdin que le roi votre maître doit être content de vous. »

Lorsque les Espagnols eurent quitté la ville, les soldats français prirent leur place et occupèrent aussitôt tous les postes que venaient d'abandonner les ennemis; ils trouvèrent quarante-six pièces de canon et d'abondantes provisions de bouche, mais il ne restait que quatre barils de poudre.

Après que les troupes françaises furent entrées dans la ville, Louis XIII retourna au quartier pour y dîner. Puységur raconte qu'en attendant que la Meilleraye et le reste de la cour eussent achevé leur repas, il demeura seul dans la chambre du roi avec le monarque et le lieutenant de ses gardes. Louis profita de cette circonstance pour lui demander ce qu'il pensait du grand maître de l'artillerie :

« Sire, lui répondit Puységur, c'est un homme qui sert Votre Majesté avec beaucoup d'affection et qui se peine fort; il est très vigilant et très soigneux d'apprendre ce qu'il ne sait pas, s'enquérant des uns et des autres des choses qu'il faut faire. Quand il est dans un conseil, il reçoit fort bien les opinions d'un chacun, et puis après, il en fait un résultat dans sa tête; et, prenant ce qu'il trouve de meilleur, il donne son avis fort juste et fort bien.

» Le roi dit : « Il vaut bien nos barbons, » voulant dire MM. de Châtillon et de la Force.

» Je lui dis : « Sire, s'il continue d'avoir de l'emploi, assurément qu'il en saura autant que les autres.

— J'ai résolu, dit le roi, d'entrer dans la ville par la brèche, sur le haut de laquelle je le veux faire maréchal de France ; il n'en sait rien et que personne n'en parle. »

La garde du roi étant arrivée devant son logis, Louis XIII sortit et se dirigea vers la ville. Arrivé en face de la brèche, il descendit de cheval, et, appuyé de sa main gauche sur l'épaule de Puységur et de la droite sur M. de Lambert, il passa sur le pont de fascines et monta par la brèche sur laquelle l'attendait la Meilleraye ; celui-ci prit le roi sous les aisselles pour l'aider à monter.

Aussitôt qu'il fut sur la brèche, Louis XIII, se tournant vers Puységur, lui prit sa canne, et, la donnant au grand maître, lui dit : « La Meilleraye, je vous fais maréchal de France; voilà le bâton que je vous en donne. Les services que vous m'avez rendus m'obligent à cela ; vous continuerez à me bien servir. »

Le nouveau dignitaire se jeta aux pieds du souverain, les baisa et dit qu'il n'était pas digne de l'honneur qu'il lui faisait.

« Trêve de compliments, dit le roi, je n'ai jamais fait un maréchal de meilleur cœur que vous. »

Ce coup de théâtre dut être inspiré à Louis XIII par son premier ministre, qui avait prodigué tous les moyens d'action à son cousin germain. Au reste, suivant une relation de la

Gazette, « le mouvement de Sa Majesté fut visiblement suivi de l'agrément de tous les princes, seigneurs et officiers de l'armée là présents, qui, nonobstant l'incommodité du lieu, vinrent embrasser et complimenter la Meilleraye, chacun demeurant d'accord qu'après un tel zèle au service du roi, tant de fatigues et de soins, et une si généreuse conduite des desseins de Sa Majesté à son honneur, celui-là est acquis en trop bon lieu pour être sujet à l'envie. »

Les lettres de Richelieu à son cousin pendant le siège d'Hesdin sont très nombreuses ; de son côté, la Meilleraye écrivait continuellement au premier ministre ; il lui adressait même deux et trois lettres par jour ; plusieurs d'entre elles sont datées de la nuit. Le cardinal dut le prier de modérer son ardeur épistolaire : « Ne vous amusez point à me faire réponse à toutes les lettres que je vous écris, mais faites seulement ce qu'il faut faire, et, si vous avez besoin de quelques choses qui dépendent de nous, demandez-les. »

La reddition d'Hesdin donna lieu à la publication de plusieurs caricatures. Sur une image du temps, on voit une truie assise au pied du rempart de la ville, tenant en ses pattes une quenouille garnie de lin ; on lit au-dessous :

Quand les Français prendront Hesdin,
Cette truie aura filé son lin.

Plus bas :

Les Français ont pris Hesdin,
Et cette truie n'a pas filé son lin.

Dès qu'il eut pris possession d'Hesdin, la Meilleraye fit réparer les brèches des fortifications. A cet effet, une ordonnance royale, publiée le 13 juillet en Picardie et en Artois, enjoignait à tous les maçons de se rendre, sur peine de la vie, dans la ville nouvellement conquise, pour travailler aux murailles de cette place. Un fort bastion en forme de demi-lune fut construit à l'endroit de la brèche, car on reconnut que la place ne pouvait être attaquée que de ce côté.

Après que les brèches furent réparées, la Meilleraye, qui avait conservé la circonvallation tout entière pour s'y défendre en cas d'attaque, ordonna de combler les tranchées. Ces différents travaux furent exécutés avec tant d'activité que tout était achevé pour le vendredi 29 juillet. La nuit suivante, l'armée française leva le camp de devant la place conquise et se dirigea sur Saint-Omer.

Hesdin était pourvu d'une garnison suffisante, munie de provisions de bouche et de guerre pour plusieurs mois. Entièrement rassuré sur la défense de cette place, la Meilleraye ne mit aucun retard pour la continuation de la campagne. En quittant Hesdin, l'armée française campa sur les bords de la Ternoise, et, le 2 août, elle passait en vue de Saint-Omer, ravageant tout le pays qu'elle traversait.

Le 21 juillet précédent, Richelieu avait écrit de Guise au maréchal de la Meilleraye qu'il était de toute nécessité de ne point laisser couper les communications entre Ardres et Calais. A cet effet, il lui conseillait avant tout, lorsqu'il serait libre, d'attaquer le fort d'Hénuin, près d'Audruick, puis Ruminghem et Éperlecques, car, si l'on commençait par attaquer ces deux derniers forts, les ennemis pourraient jeter des gens dans Hénuin, ce qui en rendrait ensuite la prise plus difficile. « Il y a grande apparence que les ennemis, vous voyant à Hénuin plus tôt qu'ils ne l'auront pensé, continuait le cardinal, songeront à Bourbourg et au corps de Flandre, au lieu de passer la rivière pour venir à vous, auquel cas vous pourrez, ce me semble, sûrement faire votre dessein ; mais s'ils se résolvaient de passer à Saint-Omer pour venir à vous, si vous ne trouvez que la situation vous soit si favorable qu'ils ne puissent venir à vous qu'en défilant à votre vue, ou autre pareil désavantage notable, en ce cas, il ne faut point faire difficulté de se retirer à Ardres, ce que je ne vois qu'ils vous puissent empêcher de faire sûrement. Tant y a que tout est remis à votre prudence sans vous obliger à autre chose que de trouver moyen de faire vivre l'armée du roi sûrement dans le pays ennemi. Encore si c'était chose extraordinairement difficile et dangereuse, Sa Majesté aimerait mieux qu'elle vécût dans sa frontière que hasarder mal à propos ses forces. »

Le 27 juillet, Richelieu écrivait de nouveau au maréchal pour le même sujet. Le cardinal craignait qu'en attaquant d'abord Éperlecques et Ruminghem, les Espagnols ne jetassent du monde dans le fort d'Hénuin; il lui conseillait d'attaquer les trois forts simultanément. Toutefois, il prenait le soin d'avertir le grand maître que ce n'était pas un ordre mais un avis qu'il lui donnait, car il n'avait d'autre intention que de le laisser seul juge de ce qu'il devait faire.

La marche de la Meilleraye avait d'abord pour but de faire vivre son armée en pays ennemi et d'attirer les troupes espagnoles au combat.

Le 2 août, le maréchal envoyait un détachement devant le château d'Éperlecques. Le capitaine voulut attendre qu'on tirât le canon, et, comme on ne trouvait pas que cette bicoque méritât un tel honneur, on pendit cet officier à la porte parce qu'il avait fait dépenser mal à propos la poudre d'une armée royale. Un des officiers généraux, rapporte Puységur, était allé demander la grâce du capitaine à la Meilleraye et l'avait obtenue ; mais, à son retour, l'ordre de pendre avait été exécuté « pour contenter les spectateurs qui s'ennuyaient d'attendre. »

Le fort de Ruminghem fut attaqué le même jour ou le lendemain. Le capitaine attendit également qu'on tirât le canon; il devait subir la même exécution que le capitaine d'Éperlecques, mais on s'y prit à temps cette fois pour obtenir son pardon.

Le 4 août, l'armée de la Meilleraye campait à Polincove. La Ferté-Senneterre, maréchal de camp, fut envoyé avec un détachement pour s'emparer de Sainte-Marie-Kerque ; le château de ce village se rendit après qu'il eut éprouvé quelques volées de canon.

Le même jour, le général en chef apprit par le colonel Gassion, envoyé en éclaireur, qu'une armée espagnole avait été aperçue près de Saint-Nicolas. Quelques instants après, la Ferté-Senneterre confirma cette nouvelle. Les ennemis craignaient pour le fort d'Hénuin, dont la perte eût été pour eux d'une grande importance, parce que, par sa situation entre deux canaux fort larges et fort creux, il formait un obstacle sérieux à l'entrée des Français en Flandre. Le comte de Fuentès, qui était resté campé aux environs d'Arras avec un corps d'armée espagnole, fort de quinze mille hommes, reçut l'ordre du cardinal-infant de s'opposer à la marche des Français après la reddition d'Hesdin.

En apprenant que cette armée venait de traverser l'Aa, la Meilleraye quitta aussitôt le camp de Polincove, où il laissa les bagages à la garde d'une partie de ses troupes et alla rejoindre la Ferté-Senneterre. Le grand maître envoya un détachement jusqu'à la digue de Saint-Nicolas, où se tenait l'armée ennemie, avec mission de l'attaquer, puis de battre en retraite jusqu'aux régiments de cavalerie et d'infanterie placés en embuscade dans une prairie. Le comte de Fuentès donna dans le piège; les deux armées se battirent avec fureur.

Le 9 août, Richelieu écrivait à la Meilleraye pour le féliciter du bon succès du combat qu'il venait de livrer, et que le roi

« a qualifié de bataille avec raison, puisque les deux généraux y étaient, qu'il y avait infanterie, cavalerie et canon. »

A la suite de cette bataille, une série de petits combats toujours heureux pour l'armée française furent livrés sur différents points de l'Artois. La Meilleraye s'empara de tous les forts et de tous les châteaux qu'il rencontra sur son passage; les défenseurs de ces forts étaient impitoyablement mis à mort et les officiers pendus lorsqu'ils ne se rendaient point à la première sommation.

Après avoir fait subsister ses troupes pendant trois mois aux dépens des pays ennemis et avoir enlevé les petits postes aux environs d'Arras, la Meilleraye fit prendre les quartiers d'hiver dans les premiers jours du mois d'octobre ; son armée rentra en Picardie : la campagne de 1639, si glorieuse pour le général en chef, était terminée.

En 1640, une forte armée fut mise sur pied du côté des Pays-Bas. Le commandement général en fut confié au maréchal de la Meilleraye, qui eut sous ses ordres les ducs de Chaulnes et de Châtillon. Mais l'insuccès du grand maître sur la Meuse fit changer les premières dispositions prises par Richelieu pour la campagne de 1640. Les trois maréchaux reçurent l'ordre d'assiéger Arras. Cette ville tomba en notre pouvoir le 9 août 1640, comme on l'a vu au chapitre précédent.

Le principal effort de la campagne de 1641 devait se porter dans les Pays-Bas. Deux armées furent formées; la plus forte était commandée par la Meilleraye; la seconde, placée sous les ordres de Châtillon, devait opérer en Champagne.

Le 16 mai, la première armée entrait en Artois et campait à Cercamp. A la nouvelle de cette irruption, les principales villes de cette province s'attendirent à être attaquées, lorsque, le 19, la Meilleraye fondit sur Aire et l'investit.

Les travaux de circonvallation furent entrepris sans retard par la Meilleraye, qui excellait dans ces sortes d'entreprises.

Son armée grossissait chaque jour, car, jusqu'au 8 juin, ce ne furent que passages journaliers de troupes entre Abbeville et Saint-Riquier; ces divers régiments venaient du Vermandois et du Soissonnais.

Le 11 juin, les tranchées étant achevées, les assiégeants s'y établirent et ouvrirent le feu dès le lendemain.

Le 12, cinq cents Espagnols s'avancèrent pour entrer dans la place, mais ils furent taillés en pièces.

Dans la crainte que l'armée de la Meilleraye ne fût insuffisante, on fit venir le comte de Grancey avec dix mille hommes.

Le cardinal-infant, qui commandait une petite armée de sept à huit mille hommes, s'avança pour secourir les assiégés. Après qu'il eut traversé la Lys à Thérouanne le 20 juin, il se mit en bataille à une portée de canon des lignes; il essaya de faire entrer du secours dans la place; mais, ayant échoué dans sa tentative, il leva le camp le 22 juin, après avoir perdu six cents hommes.

Richelieu, écrivant au surintendant des finances le 24 juin, l'informait que les Espagnols, commandés par le gouverneur des Pays-Bas en personne, s'étaient présentés pour attaquer la circonvallation d'Aire, mais que, n'ayant point réussi dans leur entreprise, ils se retirèrent en laissant de huit cents à mille fascines et deux ou trois cents prisonniers « qu'ils avaient enivrés de brandevin pour leur ôter la connaissance du péril. » Le cardinal se trompe dans cette lettre en faisant monter à quinze ou seize mille hommes le nombre des soldats espagnols; il était à peine de la moitié.

Un émissaire avait pu pénétrer dans la ville et apprendre au gouverneur l'échec de Châtillon à la Marfée, et l'informer que le général Lamboy ne tarderait pas à arriver au secours de la place.

Cette bonne nouvelle ranima le courage des assiégés, qui se défendirent avec plus d'ardeur que jamais.

Le 17 juillet, le cardinal-infant revint devant Aire. Il essaya de nouveau, mais sans succès, de forcer les lignes: ses troupes furent repoussées avec perte. Le 19, il se retira vers Béthune, et ses efforts se bornèrent dès lors à attaquer les convois destinés aux assiégeants.

La Meilleraye, ayant fait jouer une mine qui ouvrit une large brèche, résolut de tenter l'assaut le 23 juillet. On tira au sort entre les vingt-quatre mestres de camp. François de Rambures, dit de Courtenay, frère de Jean de Rambures, fut désigné pour diriger l'assaut à la tête de son régiment. Cette entreprise paraissait tellement périlleuse que M. de Courtenay fit aussitôt ordonner des prières dans tous les villages de ses domaines pour le succès de cette tentative. Il monta courageusement sur la brèche avec ses soldats; mais, si l'attaque fut rude, la défense ne fut pas moins vive. Toutefois, cette opération ne produisit aucun résultat.

De nouvelles mines prêtes à jouer devaient élargir la brèche, et deux pièces de canon allaient y être transportées. Le gouverneur, ne voulant point laisser piller la ville, demanda à parlementer le 20 juillet.

La garnison, qui se composait de deux mille cinq cents hommes, sous le commandement de Guillaume Bervout et de d'Elli-Ponti, son lieutenant, obtint des conditions honorables; elle sortit avec armes et bagages, tambour battant, enseignes déployées, mèche allumée, balle en bouche, et fut conduite à Saint-Omer sous l'escorte de trois cents soldats français.

Le lendemain, 27 juillet, la Meilleraye entrait dans Aire,

et faisait chanter le *Te Deum* à l'église Saint-Pierre. Mais cette brillante conquête ne devait point rester longtemps entre les mains de l'habile preneur de villes.

Après la mort du comte de Soissons à la Marfée, les généraux Lamboy et Beck quittèrent la Champagne pour se porter au secours d'Aire, mais ils apprirent en chemin que cette place venait de se rendre. Toutefois, la jonction des forces hispano-impériales se fit le 5 août; elles prirent en passant Lillers, qui s'était rendue à Gassion le 23 mai précédent.

Le cardinal-infant disposait de trente-cinq mille hommes après le renfort qui lui était arrivé, tandis que la Meilleraye n'en comptait que quinze mille. Le premier, qui n'avait pu secourir Aire pendant le siège, se trouvait dès lors en mesure de la reprendre; il vint camper à Thérouanne et aux environs, et se disposa à traverser la Laquette.

Montglat rapporte que la Meilleraye sortit du camp à pied, une canne à la main, pour observer la marche des ennemis. Il était accompagné des ducs d'Enghien, de Nemours et de Luynes, du comte de Guiche, du marquis de Lenoncourt, de la Ferté-Senneterre et de plusieurs autres gentilshommes, tous à pied comme lui et sans armes. Un escadron détaché de l'armée ennemie s'approcha d'eux sans être vu et allait les prendre comme dans un filet, lorsque des soldats qui cueillaient des fèves dans un champ voisin donnèrent l'alarme. Gassion, prenant avec lui vingt cavaliers, chargea l'escadron ennemi pour donner le temps au maréchal de se retirer avec sa suite. Les gardes de la Meilleraye et deux escadrons de son régiment accoururent pour secourir le colonel Gassion; la plupart des cavaliers espagnols furent tués sur place.

Cet échec n'empêcha point le cardinal-infant de traverser la Laquette. Rantzau dit à la Meilleraye qu'il serait facile de charger l'arrière-garde et de la défaire. « Alors, comme sortant d'une léthargie qui lui fermait les yeux, » dit Montglat, le grand maître donna l'ordre d'avancer, mais il était trop tard : l'armée espagnole avait défilé tout entière à la vue des soldats français.

Le 7 août, les ennemis essayèrent de prendre une forte demi-lune ; chaque soldat portait une fascine destinée à être jetée dans le fossé. Les Français les laissèrent approcher ; puis, lorsqu'ils furent arrivés à une distance convenable, ils lâchèrent huit pièces de canon chargées à mitraille, ce qui causa un horrible carnage : seize cents soldats espagnols restèrent sur place.

Le 8 août, les Espagnols disposèrent un grand nombre de ponts sur la Laquette et se mirent en mesure de traverser cette rivière. La Meilleraye, voulant réparer la faute qu'il avait commise précédemment, allait en commettre une seconde si Rantzau ne l'en eût détourné. Le grand maître fit alors avancer toutes ses troupes contre l'avant-garde espagnole ; mais l'arrière-garde ayant traversé la rivière en toute hâte, les forces ennemies se trouvaient rangées en bataille lorsque les Français parurent. Ceux-ci n'avaient qu'un parti à prendre : abandonner les retranchements ; c'est ce qu'ils firent.

Avant son départ, la Meilleraye jeta une garnison de trois mille cinq cents hommes dans Aire, sous le commandement du colonel gascon d'Aigueberre, et laissa des vivres et des munitions pour quatre mois.

L'armée française se retira sur le plateau de Lambres, d'où elle canonna l'armée espagnole pendant tout l'après-midi. Mais le soir venu, la Meilleraye, craignant d'être entouré, prit la résolution de quitter ce plateau. Sa retraite fut favorisée par l'obscurité de la nuit, et, le lendemain, il campait à Thérouanne.

Dès qu'il fut parti, les ennemis entrèrent dans les lignes

que les Français venaient de quitter et qu'ils avaient négligé de détruire. Le cardinal-infant fit exécuter une circonvallation plus forte et bloqua la ville d'Aire pour la prendre par la famine. Ce fut alors que la Meilleraye reconnut la nouvelle faute qu'il avait commise, « car il fut quinze jours maître de cette place, sans aucun ennemi en tête qui le troublât, durant lesquels, s'il l'eût ravitaillée de tout ce qui lui était nécessaire et se fût retiré avant l'arrivée des Espagnols, Aire était sauvée. » Le 7 décembre, cette ville se rendait au cardinal-infant.

La Meilleraye, ayant quitté Thérouanne, entra dans le Boulonnais; puis il pénétra en Flandre, pillant et brûlant tout le pays qu'il traversait. Il prit, chemin faisant, la Bassée et Pont-à-Vendin, et emporta les faubourgs de Lille, qui furent livrés aux flammes en même temps que soixante-dix moulins des alentours.

Cette tactique avait pour but d'obliger l'armée espagnole à quitter les tranchées d'Aire ; mais le cardinal-infant demeura tranquillement dans ses retranchements.

Après qu'il se fut emparé de Bapaume (18 septembre), la Meilleraye prit congé de ses troupes pour se rendre aux eaux. Au reste, la campagne de 1641 pouvait être alors considérée comme terminée.

En 1642, le maréchal de la Meilleraye passa à l'armée du Roussillon, où il s'empara des villes de Perpignan, Collioure et Salces.

L'année suivante, il commandait en Bourgogne, et, en 1644, il était à l'armée de Flandre, dont le commandement avait été confié à Gaston d'Orléans. Le principal effort de cette campagne fut le siège de Gravelines, auquel concourut la Meilleraye; le 29 juillet, la ville capitulait.

Au mois de septembre 1646, le grand maître s'embarquait à Toulon et se rendait sur la côte de Toscane avec une flotte sur laquelle se trouvaient six mille hommes; il prit Piombino et Porto-Longone.

En 1650, il fut mis à la tête de l'armée royale du Poitou, de la Saintonge et du Limousin. C'est en cette qualité qu'il fit le siège de la ville de Bordeaux, révoltée contre le roi; il réduisit cette place à la suite de combats vifs et opiniâtres. En 1652, il commandait en Anjou; ce fut sa dernière campagne.

Au mois de décembre 1663, le roi créa la Meilleraye duc et pair; mais cet officier ne jouit point longtemps de ces titres. Il mourut le 8 février 1664 à l'Arsenal, où il demeurait.

« Le maréchal de la Meilleraye, dit de Courcelles, avait reçu de la nature les plus brillantes qualités. Comme militaire, il concevait rapidement les meilleures dispositions et les exécutait lui-même. Il maintenait parmi les troupes la plus sévère discipline, et donnait l'exemple de la patience et de la sobriété. On le considérait comme le meilleur officier général de son temps, surtout pour faire les sièges. »

IV

Le duc de Chaulnes, maréchal de France.

Honoré d'Albert, troisième fils d'Honoré, seigneur de Luynes, né à Mornas, dans le Comtat-Venaissin en 1581, était frère du connétable de Luynes, favori de Louis XIII. Il fut présenté à la cour sous le nom d'un petit fief, Cadenet, dont il avait le titre. Grâce à la puissante protection de son frère, il obtint les bonnes grâces du roi et un avancement rapide.

En effet, toutes les dignités lui échurent; il fut nommé successivement, et à de courts intervalles, mestre de camp du régiment de Normandie le 16 mai 1617, conseiller du roi le 23 juillet suivant, capitaine de cent hommes d'armes des ordonnances du roi, maréchal de France le 6 décembre 1619 et chevalier du Saint-Esprit le 31 du même mois. Il fut envoyé en Angleterre, sur la fin de décembre 1620, en qualité d'ambassadeur; il réussit dans sa mission, et, en récompense, le roi lui accorda, à la fin de janvier 1621, l'érection du comté de Chaulnes en duché-pairie; les lettres royales en furent vérifiées en Parlement le 9 mars.

Après la mort du connétable de Luynes, arrivée le 12 décembre 1621, son frère n'en conserva pas moins l'estime du roi, qui le nomma gouverneur de la ville et citadelle d'Amiens le 22 février 1622, conseiller ordinaire au conseil d'État et privé le 1er novembre 1629, et enfin gouverneur en la province de Picardie, Boulonnais et pays reconquis le 5 juin 1633.

Honoré d'Albert avait épousé, le 13 janvier 1620, Charlotte-Claire-Eugénie d'Ailly, comtesse de Chaulnes, dame de Picquigny; en se mariant, il prit l'engagement de porter le nom de sa femme, seule héritière de sa maison. Après l'érection du comté de Chaulnes en duché, il fut plus connu sous le nom de duc de Chaulnes. Il devait épouser Éléonore de Bourbon, fille de Henri, prince de Condé, alors veuve de Philippe-Guillaume, prince d'Orange; mais cette dame mourut en 1619, alors qu'elle se rendait à Paris pour accomplir son mariage.

L'avancement du duc de Chaulnes était justifié; il le dut plus encore à son mérite personnel qu'à la faveur de son frère. Il sut, en toute occasion, se montrer à la hauteur de sa situation.

Il était gouverneur de Picardie depuis deux ans lorsque la guerre éclata entre la France et l'Espagne. L'ambassadeur de Madrid à Paris se retira le 5 mai 1635. Dès le 10 mai, le duc de Chaulnes faisait appel aux sujets de sa province et les invitait à se tenir prêts à monter à cheval « avec armes et équipages » à la première sommation qui leur en serait faite par lui-même ou par ses lieutenants, le comte de Soyécourt et le marquis de Mailly. Le 20 juin, il faisait publier à son de trompe dans les rues d'Amiens : « Il est enjoint à tous gentilshommes résidant dans le bailliage d'Amiens de se tenir prêts sous huit jours à monter à cheval. »

La déclaration de guerre, enregistrée au Parlement le 18 juin, ne fut publiée à Amiens que le 5 juillet. Quatre jours plus tard, le duc de Chaulnes, qui prenait toutes les dispositions nécessaires, non seulement pour la défense de la Picardie, mais aussi pour faire irruption dans les pays ennemis, promulguait une nouvelle ordonnance enjoignant « à tous nobles, vassaux et autres, bourgeois et habitants sujets au ban et arrière-ban, » de se rendre à Amiens pour le 15 juillet « avec chevaux et équipages. »

Le gouverneur de Picardie quittait Amiens le 12 juillet pour se rendre à Doullens, où il avait fixé le rendez-vous de l'armée qu'il devait conduire. Il emmenait avec lui sa compagnie de cavalerie et trois pièces de canon que conduisaient les bourgeois privilégiés. Cette petite armée s'empara de Pas, de Bucquoy et autres places peu importantes, puis du Cateau-Cambrésis, et alla ensuite camper à Miraumont, où les soldats vexèrent les habitants des environs sans que leur chef les en empêchât. Il est vrai que le duc de Chaulnes répondait invariablement qu'il n'avait point ordre d'en faire davantage. Cette réponse « tourna depuis en proverbe » dans le pays.

Le 10 septembre, le duc de Chaulnes signait au camp devant Albert une ordonnance enjoignant aux habitants des villages du bailliage d'Amiens, de quelque qualité et condition qu'ils fussent, de se rendre dans trois jours à Doullens avec armes et bagages. Le 17 du même mois, il renouvelait cette ordonnance au camp devant Corbie.

Dans le même temps, huit à neuf mille Croates, commandés par Forgazi, logeaient à Pas en Artois pendant que le comte de Frezin s'établissait à Auxi-le-Château avec ses Espagnols ; ils ne tardaient pas à entrer en Picardie sans que le duc de Chaulnes pût s'y opposer. Les ennemis s'abattirent sur Toutencourt, puis sur Beauquesne, qu'ils livrèrent aux flammes le 10 septembre, ainsi que d'autres villages et fermes des environs ; ils continuèrent d'appliquer leur système de dévastation en brûlant tout sur leur passage, et en commettant toutes sortes d'atrocités ; c'est ce qui fit dire à un auteur avec infiniment de raison : « Toute la valeur de ces guerriers consistait principalement à tuer hommes, femmes, enfants, à brûler, violer, sans épargner ni les églises et autres lieux consacrés à Dieu. »

Le 18 septembre, le cardinal de Richelieu écrivait au duc de Chaulnes :

« Monsieur, je vous fais cette dépêche pour vous avertir que tout Paris crie contre vous à merveille, et que le fondement de ces bruits vient de la Picardie, qui soutient que vous y laissez brûler plusieurs villages par les Croates en petit nombre, bien que vous pussiez vous y opposer avec toute votre cavalerie. On dit aussi que tous les habitants des frontières dont la plupart sont soldats ne désirent autre chose que de se réduire sous certains chefs pour être en état de se défendre, et on vous attribue la faute de ne l'avoir pas fait jusqu'à présent. Prenant intérêt à tout ce qui vous touche, je vous avertis de tout ce que dessus, afin que vous y donniez ordre promptement, s'il vous plaît. Au reste, la résolution que vous avez prise de grossir promptement vos troupes par l'amas des communes, en leur donnant le pain aux dépens du roi, selon que vous nous écrivîtes dernièrement, est si bonne et si nécessaire que je vous prie de l'exécuter le plus tôt que vous pourrez, si déjà vous ne l'avez fait, selon la teneur de votre lettre, qui portait que dans huit jours ils seraient assemblés. Vous serez par ce moyen en état de résister non seulement aux ennemis, mais d'entreprendre sur eux, prenant des postes favorables à ces fins.

» Je vous envoie un contrôle des troupes que vous devez avoir. Vous me manderez promptement celles que vous avez ou n'avez pas, et aurez soin de faire venir celles qui, étant en Picardie, ne vous auront pas encore joint. Je crois que vous aurez bientôt M. de Châtillon pour compagnon en votre commandement ; je serai bien aise pour votre intérêt qu'il trouve toutes choses en si bon ordre qu'on connaisse par là ce que vaut le maréchal de Chaulnes. »

Le duc de Chaulnes était trop faible pour s'opposer aux ennemis ; il ne disposait que de mille ou mille deux cents cavaliers et de quelques régiments nouvellement levés. Le cardinal, qui pourvoyait à tout, profita de la rentrée en France du maréchal de Châtillon, dont les capacités étaient bien connues, pour l'envoyer en Picardie commander les troupes de cette province, conjointement avec le duc de Chaulnes. Il était temps de prendre cette mesure, car, les soldats chargés de défendre la Picardie contre les tentatives des Espagnols étant mal payés, le nombre en diminuait de jour en jour.

Le lendemain de son arrivée à Amiens, le maréchal de Châtillon allait rejoindre le duc de Chaulnes à Bettencourt-Saint-Ouen, où celui-ci avait donné rendez-vous aux troupes qu'il avait pu amasser, sans trop dégarnir les places de son gouvernement.

Le 11 octobre, cette petite armée, composée de mille quatre cents cavaliers et de trois mille hommes d'infanterie, quittait Bettencourt ; elle passa par Doullens pour aller camper en pays ennemi, à Outrebois, où elle arriva le 13 ou le 14 octobre.

Le comte de Frezin, qui avait établi les quartiers de ses Croates sur la rivière de Canche, recula en Artois, et fit camper ses soldats entre Hesdin et Auxi-le-Château. Il avait choisi ce poste dans le but de harceler les troupes françaises entre Montreuil et Abbeville ; mais il n'avait en cet endroit, qu'il fit fortifier, qu'une partie de son infanterie, formant quarante compagnies, représentant un peu plus de trois mille hommes.

Le duc de Chaulnes était d'avis d'attaquer les ennemis et de les faire déloger, mais Châtillon et Vignoles furent d'un avis opposé; ils représentèrent qu'il était impossible, avec quatre mille fantassins, d'en attaquer victorieusement trois mille bien retranchés, soutenus en outre par leur cavalerie dans un pays où ceux-ci pouvaient de plus être secourus. Aussi, le 16 octobre, les soldats français quittaient Outrebois et se portaient entre Abbeville et Auxi-le-Château, afin de protéger l'arrivée par Montreuil des pièces de canon venant des Pays-Bas, que l'armée française avait prises à la bataille d'Avein.

L'expédition des maréchaux de Chaulnes et de Châtillon se borna à cette marche. Ces deux officiers avaient pris quelques petits châteaux qu'ils firent raser et vécu en pays ennemi aussi longtemps qu'ils avaient pu le faire pour empêcher les troupes espagnoles de pouvoir y subsister.

Le comte de Bucquoy avait reçu pour mission de faire face aux soldats des maréchaux de Châtillon et de Chaulnes; on lui avait donné le commandement de troupes composées en grande partie de Croates, dont toute la valeur consistait à incendier les villages et à en massacrer les habitants; de là, les représailles dont nous parlerons.

A la fin du mois d'octobre, les maréchaux de Châtillon et de Chaulnes écrivaient au roi que leur infanterie diminuait considérablement, et qu'elle ne pouvait résister aux rigueurs du campement dans une saison aussi avancée.

« Nous avons depuis quinze jours, disaient-ils, plus de huit cents malades dans les régiments français, et deux cents pour le moins dans cinq compagnies allemandes qui commencent de former le corps d'un régiment. Le peu qu'il y avait de noblesse volontaire s'est retiré, et M. de Villequier s'en est retourné à Boulogne avec la cavalerie qu'il avait amenée de son gouvernement. Réduits à trois mille hommes de pied, et à six ou sept cents chevaux tant bons que mauvais, nous ne pouvons plus tenir la campagne. Ce qui nous reste de troupes achèverait de se ruiner, et les ennemis s'apercevraient de notre faiblesse. »

Par cette même lettre des deux maréchaux, on voit que le roi, dans une dépêche du 18 octobre, les avait engagés, pour la satisfaction du public et même pour sa justice, à brûler en Artois deux fois plus de villages que les Espagnols n'en avaient incendié en Picardie. Louis XIII leur avait donné l'ordre de faire publier dans les pays ennemis que c'était par représailles qu'ils agissaient ainsi, mais que ces incendies cesseraient quand les Hispano-Impériaux n'auraient plus recours à ce moyen honteux de faire la guerre.

Mais, hâtons-nous de le dire, cet ordre barbare ne fut point exécuté dans toute sa rigueur. Les maréchaux de Chaulnes et de Châtillon ne voulurent point se rendre incendiaires; ils se bornèrent à faire mettre le feu à quelques villages seulement, afin de donner une apparence de satisfaction au mécontentement du roi et de son premier ministre.

Au commencement de l'année 1636, le duc de Chaulnes se rendit à Péronne, d'où, à plusieurs reprises, il fit sortir des soldats de la garnison avec mission de faire des courses en pays ennemi. Un jour, ils rencontrèrent un certain nombre d'Espagnols logés à Bapaume; ils les défirent presque entièrement et mirent le reste en fuite.

Les soldats français s'avancèrent jusqu'à Cambrai, incendiant les moulins, les fermes et les villages qu'ils rencontraient sur leur chemin. Le gouverneur de Bapaume écrivit au duc de Chaulnes pour se plaindre des incendies qu'il voyait tous les jours des remparts de sa ville; il le suppliait de les faire cesser, lui promettant, de son côté, qu'il tiendrait la main à ce que ses troupes se gardassent bien d'employer désormais le même procédé en Picardie.

Le duc de Chaulnes s'empressa de donner satisfaction au gouverneur de Bapaume, qui, lui, ne tint pas la promesse qu'il avait faite, puisque, quelques jours plus tard, ses troupes incendiaient trois villages de Picardie ; les Français ne devaient point tarder à user de représailles.

Le duc de Chaulnes fit venir six compagnies de soldats des garnisons d'Albert, du Catelet et de Péronne, et, se mettant à la tête de cette petite troupe, il s'avança un jour sur Bapaume, où il se trouvait à deux heures du matin.

Arrivé devant cette ville, dont la garnison était composée de quatre cents Irlandais, il sépara ses soldats et leur fit attaquer simultanément les quatre faubourgs ; trois d'entre eux furent pris presque aussitôt, tant l'alarme était grande dans la place. Le quatrième faubourg, celui qui était tourné vers la Picardie, opposa une plus grande résistance; une forte barrière en défendait l'approche. La lutte fut acharnée en cet endroit ; malgré une pluie continuelle que les soldats français avaient eu à supporter depuis la veille au soir, et malgré leur marche forcée, ils s'emparèrent du quatrième faubourg après avoir mis hors de combat un grand nombre d'ennemis. Le duc de Chaulnes fit ensuite incendier ce faubourg et deux moulins situés près de la ville, puis il retourna vers Péronne ; il n'avait perdu que six ou sept soldats, qui moururent plutôt de fatigue que des suites de ce combat.

Dans les premiers mois de l'année 1636, il circulait à Amiens des bruits séditieux. Dès le 1er avril avait éclaté une émeute des sayetiers à propos de l'établissement d'un nouvel impôt; pour s'en rendre maître, le duc de Chaulnes, assailli à coups de pierres par les révoltés, fut contraint de la charger à la tête de sa cavalerie.

Quelques mois plus tard, à l'approche des ennemis, le gouverneur diminua la garnison d'Amiens en enlevant des soldats de la citadelle, des armes et des munitions qu'il envoya à de Chaulnes pour sauvegarder son château. Le duc de Chaulnes provoqua ainsi un nouveau mécontentement général qui ne tarda pas à se manifester dans Amiens ; les plus mutins criaient que, si l'on ne voulait pas avoir plus de soin de leur conservation, ils chercheraient quelqu'un qui les traitât mieux, car ils étaient réduits à la dernière misère et ne pouvaient craindre d'être plus malheureux sous un autre maître.

Ces bruits prenaient une telle consistance que Richelieu dut s'en préoccuper. Il fit écrire par des Noyers au maréchal de Chaulnes la lettre suivante, qui est assez dure :

« Nous recevons tous les jours de nouveaux avis de la peste des corps, disait-il, mais encore plus de celle des esprits dans Amiens. En vérité, Monsieur, il y faudrait pourvoir autrement. Cela vous regarde si fort que vous ne devez rien négliger ni épargner afin de prévenir le mal. Je voudrais envoyer pour trois mois cinq cents hommes dans la citadelle et y mettre toutes les autres choses nécessaires pour la défendre et contre l'ennemi et contre la canaille de la ville qui est mal affectionnée. Vous me permettrez, Monsieur, de vous dire que vous faites beaucoup d'autres dépenses qui ne sont pas si nécessaires. Trois jours de votre table (somptueuse) éloigneraient mille petits inconvénients qu'on plaint sans y remédier. »

Pendant les années qui suivirent, le duc de Chaulnes ne cessa de s'opposer à l'invasion des Espagnols en Picardie. Il se trouvait avec les maréchaux de Châtillon et de la Meilleraye, en 1640, au siège d'Arras, où il se couvrit de gloire.

En 1643, le duc de Chaulnes se démit du gouvernement général de Picardie pour occuper celui d'Auvergne, qu'il conserva jusqu'à sa mort. C'est à Paris qu'il mourut, le 27 octobre 1649 ; voici dans quelles conditions. Il souffrait de la pierre depuis plusieurs années ; un empirique se fit fort de le tailler adroitement et répondit de sa vie. Le duc y consentit, mais l'opération ne réussit point. — Il était le plus ancien des maréchaux de France.

V

Jean de Rambures, gouverneur de Doullens.

La famille de Rambures, qui tire son nom d'un village de Picardie, remonte à une haute antiquité. Elle est considérée à bon droit comme l'une des plus illustres de cette province. A chaque génération elle acquit un lustre nouveau.

Rien n'est plus vrai que ces vers d'un poète, parlant des Rambures :

> L'un, aux champs de Verneuil, fit de grands coups de lance;
> L'autre, aux champs d'Azincourt, a trouvé son tombeau.
> Famille de héros, ils mouraient pour la France,
> Et dans la nuit des temps se cachait leur berceau.

Charles de Rambures, gouverneur de Doullens, mort maréchal de camp en 1633, avait reçu du roi Henri IV le glorieux surnom de *Brave Rambures*. Quatre de ses fils servirent avec distinction dans les armées de Louis XIII. L'un d'eux, JEAN DE RAMBURES, né en 1605, se distingua, très jeune encore, au siège de la Rochelle ; il conduisit, à travers mille dangers, quatre cents hommes d'élite au secours du seigneur de Toiras, établi dans l'île de Ré.

Deux ans plus tard, en 1630, Jean de Rambures combattait

en Italie à la tête de son régiment. Il eut un cheval tué sous lui, et, quelques jours plus tard, il fut blessé d'un coup de mousquet à l'épaule devant la ville de Saluces, où il avait été envoyé pour faire les approches.

Quand la guerre fut déclarée entre la France et l'Espagne, Jean de Rambures, qui était gouverneur de Doullens depuis 1614, revint dans son gouvernement, afin de se trouver sur le belliqueux théâtre. Le 7 septembre 1635, le cardinal de Richelieu lui écrivait :

« Monsieur, je suis très aise que vous fassiez travailler à votre place, et ne doute point que vous n'y donniez si bon ordre qu'il n'en arrivera aucun inconvénient; c'est ce dont je vous conjure. Après cela, aimant Rambures comme je fais, je ne puis m'abstenir de lui dire qu'il est venu un bruit du fond de la Picardie jusqu'ici qui porte que, par sa faute, une fois auprès de Bapaume on a perdu une belle occasion de défaire les Croates. Le bruit est qu'ils étaient en un lieu d'où ils ne pouvaient se sauver, que M. de Chaulnes avait donné ordre d'aller au combat, et qu'en un instant vous empêchâtes, de votre tête, l'effet de cet ordre, criant : *Halte !* et faisant faire demi-tour à droite ou à gauche. Je vous mande, comme votre ami, toutes les particularités de ce qui se dit, afin que vous puissiez me donner un entier éclaircissement sur ce sujet. Je répondrai toujours bien volontiers de deux choses pour ce qui vous regarde, savoir : du cœur et de l'affection ; mais de la tête, votre camarade et moi avons résolu, avec votre propre consentement, que vous avez besoin de conseil. Si vous reconnaissez qu'elle vous ait mal servi en cette occasion, il en faut trouver quelque autre pour réparer ce défaut. Je le désire autant que vous, aimant Rambures comme moi-même, désirant lui témoigner toujours de plus en plus que je suis, etc. »

La campagne de 1635 était terminée dès les premiers jours

du mois de novembre. Pendant que l'armée de Picardie prenait ses quartiers d'hiver, le brave gouverneur de Doullens ne demeurait point inactif ; il ne cessait de donner la chasse aux ennemis. Ayant été informé que le colonel Forgazi était logé à Frévent avec quelques-uns de ses Croates, Jean de Rambures arriva dans cette ville le 20 novembre et fit main basse sur tout ce qu'il rencontra. Richelieu raconte dans ses *Mémoires* que le colonel Forgazi se sauva en chemise et que tout son équipage fut pris, tant Rambures mit d'impétuosité dans cette attaque.

Pendant l'hiver de 1635-1636, il y eut quelques petites rencontres entre les diverses garnisons françaises et espagnoles logées sur les frontières de l'Artois et de la Picardie.

Du côté de Doullens, les ennemis subirent plusieurs échecs. Jean de Rambures, héritier du courage de son père, ne se donnait ni trêve ni repos. Il apprit un jour par ses éclaireurs que cent cavaliers espagnols bien montés et bien armés, après avoir fait des courses aux environs de Doullens, venaient de se retirer à Auxi-le-Château. Il choisit alors les meilleurs hommes de sa garnison et partit avec eux pendant la nuit pour surprendre Auxi, qu'il attaqua par trois endroits. Cette attaque imprévue le rendit bientôt maître de la ville ; les ennemis se retirèrent alors dans l'hôtel de ville, que le comte de Frezin avait fait fortifier quelque temps auparavant. Des trente soldats qui s'y étaient réfugiés, dix furent tués, et les autres cherchèrent leur salut en se précipitant au haut de l'escalier. Les soldats de Rambures pénétrèrent dans l'hôtel de ville et y mirent le feu après avoir pillé les bagages des ennemis, puis ils rentrèrent à Doullens sans être inquiétés.

Ce fait de guerre eut lieu le 24 janvier 1636. Quatre jours plus tard, Jean de Rambures apprit que deux compagnies d'infanterie espagnole s'étaient logées à Aubigny, à deux lieues d'Arras, et qu'elles voulaient prendre leur revanche. Rambures n'attendit point qu'elles vinssent le trouver. Le 28 janvier, il quittait Doullens avec soixante-dix fantassins, deux compagnies de dragons, une compagnie de chevau-légers et un certain nombre de cavaliers. Cette petite troupe se présentait au point du jour devant le bourg d'Aubigny, qu'elle attaquait aussitôt. Les retranchements ne tardaient pas à être forcés et les soldats français entraient dans le bourg. Une partie des Espagnols se réfugia dans l'église, qui fut pétardée ; cinquante hommes furent faits prisonniers en cette rencontre; tout le reste des ennemis perdit la vie dans l'action ou dans la fuite. Les chevau-légers de Jean de Rambures s'avancèrent jusqu'aux portes d'Arras, mettant l'alarme partout ; les paysans s'enfuirent de tous côtés, abandonnant leurs bestiaux, dont les nôtres se saisirent ; pas un d'eux ne périt en cette occasion ; ils rentrèrent à Doullens après vingt et une heures de route. Le sieur de Bertrancourt, capitaine, porta au roi les drapeaux pris sur les Espagnols.

Les exploits du fils du *Brave Rambures* ne se bornèrent point à ces deux combats. Peu de temps après, il s'emparait d'Avesnes et battait deux cents Espagnols. Au mois de mai suivant, il taillait en pièces la garnison de Saint-Pol. Comme on le voit, le succès couronnait toutes ses entreprises.

Quelque temps après, Jean de Rambures apprenait que les Espagnols ravageaient Mailly et ses environs ; voulant y mettre obstacle, il appela le capitaine Pagès, alors commandant la cavalerie à Péronne, et M. du Fay, commandant une compagnie de volontaires dans la tour de Contay. Dans un conseil tenu entre ces deux officiers et le gouverneur de Doullens, Pagès proposa à celui-ci d'attaquer le fort d'Hébuterne par le pétard, ce que l'on approuva. Les ennemis avaient fait de l'église et du cimetière de ce village une espèce de forteresse.

Le 2 avril, le capitaine Pagès et le chevalier de Saint-Christophe, commandant le premier la cavalerie et le second l'infanterie, arrivaient vers le soir à la tête de sept cent cinquante hommes et s'embusquaient dans le bois de Mailly. Quand la nuit fut venue, cette petite troupe se dirigea sur Hébuterne; le fort était emporté presque aussitôt par le pétard, et les quinze hommes qui en composaient la garde étaient passés au fil de l'épée, ainsi qu'une trentaine de soldats. Quant à la garnison, formée de quatre cents hommes, elle était faite prisonnière et emmenée à Doullens avec soixante chevaux et un fort butin.

L'année 1636 allait être fatale à la France et notamment à la Picardie. Au commencement du mois de juillet, l'armée espagnole quittait l'Artois, entrait en Picardie par la Thiérache et s'emparait successivement de la Capelle, du Catelet et de Corbie. L'alarme fut grande dans toute la France, mais les Hispano-Impériaux ne cherchèrent point à faire d'autres conquêtes; ils s'arrêtèrent à l'Oise.

Sur les frontières de l'Artois et de la Picardie, le capitaine Pagès et Jean de Rambures continuaient leur guerre de surprises et d'embuscades. Le premier s'emparait du gouverneur d'Auxi-le-Château le 4 septembre, et le conduisait à Amiens comme prisonnier de guerre. Le samedi 20 septembre, Rambures allait surprendre Auxi, taillait en pièces la garnison et enlevait quatre pièces de canon.

Le 21 septembre, les ennemis quittèrent Corbie après y avoir laissé une forte garnison; ils allèrent ensuite camper aux environs de Doullens. Cette ville était alors presque déserte, d'abord parce que les habitants, voyant les ennemis s'assembler dans l'Artois pour entrer en Picardie, avaient craint qu'ils ne vinssent assiéger Doullens; en second lieu, la peste qui sévit dans la ville chassa le reste de la population.

Jean de Rambures avait fait faire des demi-lunes pour y loger ses soldats. En apprenant l'arrivée des ennemis à Gézaincourt, Bagneux et villages circonvoisins, Rambures se hâta de rentrer dans Doullens avec sa garnison ; il continua de faire travailler à la défense de cette ville par les paysans des environs, qui étaient menacés de grosses amendes ou d'être pillés en cas de refus ; dans ce cas, les cavaliers s'emparaient des charrues et des vaches et les allaient vendre à vil prix à Domart.

Les différentes lettres adressées par Richelieu à Jean de Rambures font le plus grand honneur à cet officier ; nous en détacherons les passages suivants.

Le 22 septembre 1636, le cardinal lui écrivait :

« Le roi est très satisfait de votre vigilance et de votre courage.... Une des principales visées que vous devez avoir est de faire l'impossible pour traverser et empêcher les rafraîchissements qu'ils voudront envoyer à Corbie.... Faites voir en cette occasion que vous êtes Rambures.... »

Le 14 octobre suivant, Richelieu écrivait à M. de Chavigny, secrétaire d'État :

« J'envoie au roi une nouvelle lettre de M. de Rambures, et une autre qu'on lui écrit du côté des ennemis, par où il verra qu'il travaille fort bien de son côté. Deux autres gouverneurs aussi éveillés en Picardie feraient beaucoup de bonnes affaires. »

Au mois de mars 1637, les ennemis venaient ravager les environs de Doullens et s'emparaient de Talmas, où ils ne laissèrent que des ruines. Jean de Rambures leur fit donner la chasse par les soldats de sa garnison. Le résultat fut excellent pour Doullens, car, dès lors, les ennemis allèrent porter leurs torches incendiaires sur Mailly et Albert.

Le 29 avril suivant, Richelieu écrivait à Rambures :

« Bien qu'on puisse s'en reposer sur vous pour la conservation de Doullens, je vous envoie un gentilhomme, qui est parent de M. des Noyers, pour faire travailler et pourvoir à ce qui sera de plus nécessaire en votre place.... Vous croirez aisément, je m'assure, que ce qui dépendra de deçà ne sera pas oublié, et qu'estimant le brave Rambures comme je fais, je serai toujours très aise de lui donner le moyen d'acquérir de la réputation et de la gloire, et lui faire connaître de plus en plus que personne ne l'aime et l'affectionne comme moi.... »

Quelques mois plus tard, Jean de Rambures se signalait de nouveau par un de ces coups de main dont il avait le secret.

Après s'être emparé de plusieurs petits forts situés sur les rives de l'Authie, à l'exception du château de Caumont, dont il se réserva l'attaque pour un autre jour, le gouverneur de Doullens arriva devant le château d'Auxi le dimanche 9 août, au soir.

Les assaillants avaient amené deux grosses pièces de canon qu'ils disposèrent précipitamment sur une petite batterie fort peu élevée qu'ils établirent à la faveur de la nuit; cette batterie était située tout près du cimetière d'Auxi, à cent vingt pas de la muraille. Cette précaution avait pour but de déloger les soldats espagnols qui s'étaient retirés dans l'église et dans les demi-lunes pour défendre les abords du château.

Jean de Rambures, s'étant fait suivre de quelques-uns de ses soldats, s'approcha du chœur de l'église et fit jouer un pétard qui enfonça la petite porte. Pendant cette opération, les soldats composant la garnison du château tiraient sans interruption sur les murs de l'église qu'ils battaient en flanc. Cependant les Français purent entrer en assez grand nombre, mais ils perdirent plusieurs des leurs.

Des galeries du clocher où les ennemis se hâtèrent de se

réfugier, ils tiraient sur les assaillants, qui se mettaient à l'abri des balles en se cachant derrière les piliers et les cloisons du chœur.

Se voyant poursuivis de près, les Espagnols montèrent dans le clocher ; mais, s'apercevant aussitôt que toute retraite allait leur devenir impossible, ils descendirent tous, à l'aide de cordes, d'une hauteur de quarante mètres, et s'enfuirent dans le château. Ils entraînèrent avec eux ceux de leurs compagnons qui gardaient les dehors dans des demi-lunes élevées, épaisses et très fortes.

N'entendant plus de bruit, les assaillants montèrent dans le clocher, où ils ne trouvèrent personne. Quelques-uns d'entre eux reçurent pour mission de garder ce poste et de tirer sur le château, sur les demi-lunes et sur le pont.

M. de Rambures, sans perdre un instant, donna l'ordre d'élever une petite batterie en face des murs du château et y fit transporter les deux pièces de canon.

Sur ces entrefaites arriva M. de Lambert, qui blâma Rambures d'avoir agi avec tant de précipitation. Néanmoins Lambert fit investir le château et trancher la pointe de trois demi-lunes qui se trouvaient en face de la porte du fort, à trente pas des murailles ; puis il fit creuser des retranchements, et, lorsqu'ils furent achevés, il plaça dans chacun d'eux une quinzaine de mousquetaires tous bien déterminés.

Le signal de l'attaque en règle fut donné une heure avant la pointe du jour par deux volées de canon lancées par les assaillants ; leurs adversaires répondirent par un feu bien nourri de mousqueterie.

La défense du château d'Auxi était des plus défectueuses, car il ne possédait point de bastion. Il ne se trouvait qu'une guérite en bois à l'une des fenêtres du château ; cette guérite était disposée en encorbellement au-dessus des fossés.

Les mousquetaires de M. de Rambures, placés dans les retranchements, tiraient à fleur de terre et sans péril dans les créneaux du château. Exposés à ce feu meurtrier, les assiégés quittèrent les créneaux pour se poster dans la guérite. Mal leur en prit, car M. de Rambures, s'apercevant que de ce poste les ennemis canardaient les siens, dit à l'un de ses canonniers : « Si tu peux abattre cette guérite, je te donne quatre quarts d'écu.

— Oui-dà, Monsieur, repart le canonnier, je la vais mettre à bas. »

En effet, au premier coup de canon, il la perça d'outre en outre, et, au second coup, il l'abattit dans le fossé. M. de Rambures, tirant quatre quarts d'écu de sa poche, les remit à l'adroit artilleur en lui disant : « Tiens, tu es un brave. »

Le feu des soldats placés dans le clocher n'était pas moins violent que celui des mousquetaires des retranchements ; mais l'artillerie n'avait produit d'autre résultat que d'abattre la guérite, lorsqu'un officier conseilla à M. de Rambures de faire battre la muraille en un endroit qu'il lui désigna.

De leur côté, les assiégés tiraient force coups de fusil et de mousquet; ils se servaient aussi d'un fauconneau qu'ils changeaient fréquemment de place. Ils tirèrent avec cette arme sur un groupe de paysans arrêtés sur la lisière du bois d'Auxi, près de la chapelle de Saint-Laurent, et tuèrent un jeune homme de ce village, qui tomba raide mort. Un paysan de Beaumetz, s'étant approché trop près de la batterie, fut également tué d'un coup de fauconneau.

La muraille du château était entamée, et tout faisait prévoir que le siège touchait à sa fin. Cependant les Espagnols se livraient à toutes sortes de plaisanteries sur le compte de leurs adversaires, les appelant « poltrons » et leur criant qu'ils emploieraient vainement leur temps à les assaillir; qu'ils seraient plus d'un an à ce siège, et qu'ils y perdraient plus de la moitié de leurs gens.... Mais ce n'était que rodomontades espagnoles.

Après douze ou quinze volées de canon, une large brèche était faite à la muraille du château. Vers midi, on signala l'arrivée d'un renfort assez considérable pour les assiégeants. Ce renfort, venant d'Abbeville, se composait de quelques compagnies de gens de guerre et d'un grand nombre de paysans. Les nouveaux venus, qui amenaient quatre pièces de canon, se trouvaient à Wavans à deux heures, et, une heure plus tard, ils faisaient passer leur artillerie dans la rivière, à gué; mais une pièce versa, et on ne put la retirer qu'à minuit.

L'arrivée de ce secours intimida tellement les assiégés qu'à trois heures de l'après-midi ils demandèrent à traiter de la reddition du fort. Jean de Rambures leur fit des conditions honorables, et, le lendemain 11 août, il prenait possession du château d'Auxi. Il ordonna aussitôt aux paysans de son gouvernement de se rendre dans ce bourg pour en démolir l'église et le château. Les habitants de Domart-en-Ponthieu s'y rendirent tous à tour de rôle pendant deux jours.

A la suite de ce siège, les ennemis n'osèrent plus traverser les frontières du côté de Doullens. Libre désormais, Rambures n'allait point tarder à porter l'appoint de sa valeur sur un autre point du théâtre de la guerre.

Le 20 août 1637, du Hallier mettait le siège devant le Catelet, que les Espagnols occupaient depuis deux ans.

Jean de Rambures eut le bras gauche fracassé par un coup de mousquet lors du siège de cette place; on dut lui faire subir l'amputation. Mais cette opération ne réussit point. Le vaillant gouverneur de Doullens mourut le dimanche 4 octobre 1638. Son corps fut conduit à Amiens, dans un carrosse funèbre tiré par six chevaux caparaçonnés de velours noir.

L'évêque, le chapitre et tout le clergé de la ville allèrent au-devant du convoi jusque hors la porte de Noyon. Le cercueil fut placé dans le chœur de la cathédrale. Un service solennel fut célébré par l'évêque. Parmi les assistants se trouvaient le duc et la duchesse de Chaulnes, tous les corps de la ville, et une telle affluence de peuple que la cathédrale était à peine suffisante pour contenir tant de monde.

Après la cérémonie religieuse, le cercueil fut reconduit par tout le clergé jusqu'au grand portail, et le duc de Chaulnes l'accompagna à cheval jusqu'à la Hotoie, en dehors d'Amiens.

Jean de Rambures reçut sa sépulture dans l'église du couvent des Minimes d'Abbeville, fondé par ses ancêtres. Il lui fut fait une épitaphe en latin dont voici la traduction : « Il paraît celui qui est caché et est debout celui qui est dans le tombeau, lequel n'est plus et vivra pendant tous les siècles, Jean de Rambures, qui est mort à toutes choses. Il était sublime par sa naissance, par ses vertus et par ses grands biens. Il en était cependant plus humble tant de cœur que de corps quoiqu'aux environs de ce tombeau. Étant capitaine des gardes du corps, il fut très courageux par les victoires qu'il remporta sur les Allobroges, sur les Espagnols et sur les Allemands. Par sa trop grande valeur plutôt que par la force de ses ennemis, il fut jeté par terre au siège du Catelet, et de sa chute il est mort après avoir vécu trente-trois ans, et depuis l'incarnation de Notre-Seigneur mil six cent trente-sept, au mois d'octobre, il repose en paix. »

VI

Saint-Preuil, gouverneur d'Arras.

François de Jussac d'Ambleville, sieur de Saint-Preuil, d'une ancienne famille de Saintonge, naquit en 1601. Il eut deux frères et trois sœurs, et, comme ses parents jouissaient d'une fortune très modeste, il dut se soumettre aux traditions de sa caste, qui imposaient au cadet d'embrasser la carrière militaire; aussi, dès l'âge de quatorze ans, il portait les armes.

C'est en 1622 que Saint-Preuil paraît pour la première fois sur le belliqueux théâtre; il est reçu enseigne-colonel de la première compagnie du régiment de Picardie à la suite de la prise de Saint-Antonin, lors de la rébellion des protestants du Midi.

Cinq ans plus tard, on retrouve Saint-Preuil à l'île de Ré, où, en qualité de capitaine des gardes, il accomplit un trait de courage qui lui valut les félicitations des officiers supérieurs. En 1628, il sert dans l'expédition d'Italie, puis prend part à la lutte ouverte contre les protestants des Cévennes.

Le duc de Montmorency et Gaston d'Orléans, frère du roi, avaient levé l'étendard de la rébellion dans le Languedoc. Louis XIII envoya aussitôt une armée contre les rebelles. Le

1er septembre 1632, les deux armées se rencontrèrent devant Castelnaudary. Le maréchal de Montmorency fut grièvement blessé dans cette rencontre; il tomba dans un fossé où l'entraîna la chute de son cheval tué sous lui. Un sergent du régiment des gardes s'empara du dernier descendant des premiers barons chrétiens et le conduisit à Saint-Preuil, qui le déclara son prisonnier. Cette capture lui valut les bonnes grâces du cardinal de Richelieu.

Quelque temps après, le bouillant capitaine eut un duel avec un seigneur des environs d'Amiens et tua son adversaire. Pour échapper à la rigueur des ordonnances qui condamnaient les duellistes à la peine capitale, Saint-Preuil se réfugia en Belgique, où il resta jusqu'en 1636. Mais cet exil lui pesait; il accomplit un acte de téméraire bravoure afin de rentrer en grâce.

Les Espagnols, étant entrés en Picardie, prirent successivement la Capelle et le Catelet, traversèrent la Somme le 2 août et mirent le siège devant Corbie le 7 août 1636. La garnison de cette ville se composait de mille six cents hommes; mais, soit que le roi n'eût point confiance dans la bravoure du gouverneur, soit que des bruits de capitulation fussent arrivés jusqu'à lui, il manifesta l'intention d'envoyer quelqu'un dans la place afin d'assurer les assiégés qu'ils seraient secourus. Saint-Preuil crut pouvoir se réhabiliter en s'offrant au comte de Soissons pour porter les ordres du roi à Corbie; son offre fut acceptée. Il partit aussitôt, traversa la Somme à la nage, à la vue des assiégeants, et entra dans Corbie, non sans avoir plusieurs fois risqué sa vie.

Après qu'il eut fait connaître l'objet de sa mission au gouverneur de la place, celui-ci lui en remit le commandement. Déjà, les assiégés, désespérant d'être secourus, avaient promis de se rendre. Néanmoins, Saint-Preuil voulut visiter la ville afin de savoir si elle était en état de pouvoir supporter un siège d'une plus longue durée. Mais des officiers de la garnison et les principaux bourgeois, ayant appris que l'envoyé du roi parlait de rompre la capitulation, voulurent lui faire un mauvais parti, et l'eussent tué infailliblement si le gouverneur ne l'eût protégé en mettant l'épée à la main. « Saint-Preuil, ayant ainsi évité le danger, déclara tout haut que la place n'était pas tenable; sur quoi, il fut résolu que la capitulation serait effectuée. » Mais il refusa d'en signer l'acte.

A la suite de cette reddition, Saint-Preuil se jeta dans Amiens. Le jeudi 18 septembre suivant, il quittait cette ville avec mille cinq cents hommes de la garnison et se dirigeait sur Moreuil, dont le château servait de retraite aux ennemis, car de cet endroit ils ravageaient tout le pays jusqu'à Clermont, et arrêtaient les convois qui devaient approvisionner les soldats français.

Saint-Preuil fit appliquer un pétard à la porte du château de Moreuil; la garnison, composée de cent cinquante hommes, se rendit aussitôt. Le capitaine fut fait prisonnier et emmené à Amiens; cinquante de ses soldats furent passés au fil de l'épée; on en fit soixante-dix prisonniers, et les autres s'enfuirent.

Ce succès mit de nouveau Saint-Preuil en relief. Aussi Richelieu écrivait le 20 septembre à Chavigny, secrétaire d'État, que Louis XIII avait résolu de pardonner à cet officier la peine qu'il avait encourue; le cardinal avait fait entendre au roi que Saint-Preuil avait tué son adversaire dans une rencontre toute fortuite.

Au mois de novembre 1636, Saint-Preuil fut pourvu du gouvernement de la ville d'Ardres, grâce à l'appui de Richelieu. Cette nouvelle fonction devint pour lui l'occasion de se livrer à des courses continuelles dans le but de harceler l'ennemi. L'une de ces courses donna lieu à une action dont une relation fut insérée par ordre de Richelieu dans la *Gazette* du 8 mai 1637; elle était intitulée : « La prise du fort de Houle sur les Espagnols et du château de Fouxquesole, près Saint-Omer, sur les frontières d'Artois. » Nous ne croyons pouvoir mieux faire que de la reproduire en entier.

« Les garnisons espagnoles qui sont sur les frontières de l'Artois et de la Picardie, voyant que leurs courses dans le pays leur étaient toujours funestes par la diligence des gouverneurs de nos villes frontières, qui les recognaient incontinent dans leurs places, et ne pouvant par ce moyen sortir librement pour le fourrage et autres provisions, dont ils ont faute, firent courir le bruit, il y a quelques jours, pour intimider les Français, qu'ils tendraient tant de pièges aux plus hardis de ces gouverneurs, qu'ils auraient bien de la peine à s'en garantir; et, de fait, avaient mis de longue main quelques troupes en embuscade à Houle, lieu bien fortifié, à une lieue de Saint-Omer, et qui servit de retraite à leurs coureurs pour y serrer le butin. De quoi, le sieur de Saint-Preuil, gouverneur pour le roi de la ville d'Ardres, ayant été averti, et se voyant en meilleure intelligence que jamais avec le comte de Charost, gouverneur de Calais, et le sieur de Villequier, gouverneur du Boulonnais, desquels il pouvait tirer secours, résolut d'attaquer les ennemis chez eux, et leur donner par ce moyen si beau jeu pour l'exécution de leur dessein qu'ils n'en pourraient rejeter la faute que sur eux-mêmes. Il partit donc le 18 du (mois) passé de la ville d'Ardres, accompagné des troupes de son gouvernement, de la compagnie de chevau-légers du comte de Charost, conduite par les sieurs de Bourg, lieutenant, et de Rames, cornette, et de quelque autre cavalerie du Boulonnais, et alla assaillir les ennemis qui gardaient le fort du Houle, auquel, sur les deux heures après minuit, le canonnier appliqua deux pétards dont le dernier ayant fait brèche, le sieur Casault, premier capitaine de Moisant, qui menait les Enfants perdus, y donna hardiment, et fut suivi des sieurs Larré, capitaine de Longueval, qui avait ordre de les soutenir, et Arnaut, capitaine de Bellefonds, volontaire, lesquels y firent très bien. Les ennemis s'y défendirent courageusement, faisant tomber une grêle de mousquetades et de pierres sur nos soldats, deux desquels furent tués et six blessés. Ce qui commençait à ralentir l'ardeur des autres qui voulaient abandonner leurs capitaines entrés dans ce fort. Mais le sieur de Saint-Preuil descendit aussitôt de cheval, et, avec le sieur d'Ambleville, son frère, les attacha de rechef au combat, que les ennemis ne voulurent plus tenter, et furent mis en fuite, où la plupart furent tués, le reste prisonnier, et tout le butin enlevé. Mais, pour ce que ce n'était pas là le principal dessein de cette course, et qu'on avait résolu de donner l'alarme dans le pays ennemi, pour le faire sortir de ses forts et l'attirer au combat, le sieur de Saint-Preuil fit mettre des embuscades par toutes les avenues, et abandonna ce fort, s'attendant que les ennemis viendraient pour le secourir. Toutefois ils n'osèrent sortir, encore que l'alarme fût partout et que quelques-uns de nos coureurs eussent été envoyés jusqu'au bord du fossé de Saint-Omer, où il y a une forte garnison espagnole, qui ne parut point. C'est pourquoi nos troupes s'en retournèrent en leur garnison. Mais, peu de jours après, le sieur de Saint-Preuil ayant des preuves certaines que la garnison de Fouxquesole, à deux lieues d'Ardres, qui est bien fortifié et entouré de doubles fossés pleins d'eau, avait intelligence avec les Espagnols, et leur servait de lieu de retraite en toutes leurs courses, et que le capitaine Antoine faisait une partie avec force troupes pour enlever les marchands qui venaient à la foire de Guines, il fit dessein de les rencontrer et de se saisir de ce château de Fouxquesole. Pour ce faire, il emprunta deux cents hommes de la garnison de Calais conduits par le chevalier de Rivière et le sieur de Savaillan, capitaines au régiment de Callonges; le sieur de Renoult, major du même régiment, et quelques autres officiers ; la compagnie de chevau-légers du comte de Charost, avec une autre troupe de cavalerie du Boulonnais, et ayant aussi pris deux cents hommes de sa garnison conduits par les sieurs de Neuilly, capitaine au régiment de Saint-Luc, et Casault, où les sieurs de l'Enclou et d'Arnaut, capitaines de Calonges, se trouvèrent comme volontaires, avec tout ce qui put sortir de son gouvernement, il partit d'Ardres, où le rendez-vous avait été donné, le 26 du passé à l'entrée de la nuit, et se mit sur les chemins où devait venir le capitaine Antoine, ayant posé partout des embuscades. Mais l'ayant attendu en vain jusqu'à la pointe du jour le 27, il tira vers le château de Fouxquesole, où il y avait cinquante hommes de garnison, commandés par un capitaine bourguignon, auquel il envoya un trompette le sommer fort courtoisement de lui livrer la place, qui était nécessaire en ce temps-ci pour le service du roi et sûreté du pays, offrant de la remettre en temps et lieu entre les mains du seigneur. Mais sa réponse ayant été à coups de mousquet, dont le cheval du trompette même fut blessé, avec protestation qu'il voulait mourir au service du roi d'Espagne, ce procédé obligea le sieur de Saint-Preuil de faire amener là une pièce de canon qui fut aussitôt en batterie ; mais, par malheur, elle s'éventa au quatrième coup et fut par ce moyen inutile. En même temps, le sieur Arnaut fut blessé au bras d'un coup de fusil, et le sieur de l'Enclou, tué d'un coup d'arquebuse à croc. Ce qui fâcha tellement le sieur de Saint-Preuil que, sans avoir égard à la bonté et fortification du château et à la largeur des fossés pleins d'eau, il se jeta dedans au travers des mousquetades.

et passa de l'autre côté, étant suivi en ce danger du chevalier d'Ambleville, des sieurs de Neuilly, Casault, Larré, Rivière, Savaillan, Renoux, et de quantité d'autres officiers et soldats qui traversèrent l'eau des fossés et attaquèrent la basse-cour, où le feu ayant été mis et brûlé les granges couvertes de paille, qui environnaient cette cour, les assiégés demeurèrent si étonnés de la courageuse résolution des Français, qu'ils se rendirent à composition, laquelle fut accordée à vies, armes et bagages saufs. Le sieur de Saint-Preuil, ayant réduit en si peu de temps au service du roi cette forte place, y laissa une garnison de cinquante hommes commandés par le sieur de la Raye, lieutenant, n'ayant perdu en cette occasion assez périlleuse que deux soldats et un capitaine, et eu environ vingt blessés, entre lesquels est le sieur Arnaut. Sur l'avis de ce siège, le sieur de Villequier, gouverneur du Boulonnais, s'était mis aussitôt en campagne avec deux cents chevaux pour soutenir le sieur de Saint-Preuil et faciliter la prise de ce château, croyant que les Espagnols qui sont dans Saint-Omer viendraient secourir les leurs, comme ils se mirent en devoir de faire, mais ils en furent empêchés par notre cavalerie en bataille, qui leur fit barrière. »

Le 9 mai, Richelieu écrivait à Saint-Preuil pour lui témoigner tout le contentement qu'il éprouvait de la façon dont il se conduisait dans son gouvernement, et, en même temps, il le félicitait de l'heureuse entreprise de Fouxquesole. Dans cette lettre, le cardinal recommandait au gouverneur d'Ardres de ne point se porter « une autre fois avec tant de chaleur et de ménager davantage sa personne. »

Au mois de novembre 1637, Saint-Preuil fut appelé à succéder à Jean de Rambures comme gouverneur de Doullens. Le 20 février de l'année suivante, il était élevé au grade de maréchal des camps et armées du roi. Ces dignités lui imposaient de nouvelles obligations, qu'il sut remplir, du reste, avec toute l'énergie dont il était doué.

Au dire de Puységur, Saint-Preuil était l'un des plus braves et des plus hardis gentilshommes qui eussent été en France depuis plusieurs siècles, et l'un des plus libéraux et des plus généreux. C'est vers cette époque qu'il faut fixer une anecdote que raconte ainsi un auteur anonyme : « S'il avait la valeur du lion dans le combat, il en avait la générosité lorsqu'il avait vaincu, et je sais qu'une fois, poussant le capitaine Despretz, qui était son adversaire, et lui serrant la croupe, il le laissa aller, voyant qu'il ne pouvait le prendre par son écharpe trop chargée de passements d'or et d'argent, et ne voulant pas tirer, quoiqu'il lui pût mettre son épée dans les reins. »

En l'année 1640, le théâtre de la guerre se trouvait porté en Artois. Louis XIII avait donné l'ordre, dans les derniers jours du mois de mai, de mettre le siège devant Arras.

Le mercredi 13 juin, l'armée assiégeante, forte de vingt-cinq mille fantassins et de neuf mille cavaliers, arrivait en vue de la ville. Dès le lendemain, on réquisitionna les paysans des villages situés entre Calais et la ville d'Eu pour commencer les travaux de circonvallation.

Au bout de quelques jours, les vivres et les munitions manquèrent dans le camp des assiégeants. Les convois, qui partaient de Doullens, devaient prendre de longs détours et n'arrivaient point toujours à destination.

Pressés par la faim, les assiégeants allaient se trouver dans la dure nécessité de lever le siège. Le 20 juillet, Richelieu prévenait les maréchaux de Chaulnes et de Châtillon que l'on tenait des vivres prêts à Doullens et à Hesdin, et qu'ils eussent à les faire prendre eux-mêmes.

Sur ces entrefaites, Saint-Preuil fit informer le maréchal de la Meilleraye, commandant en chef, qu'il se faisait fort de lui faire parvenir un convoi de vivres. Sa proposition fut accueillie avec joie. Pour la réussite de cette dangereuse entreprise, on usa d'un stratagème qui fut couronné d'un plein succès.

Le quartier du roi, composé de huit mille hommes, était logé à Corbie depuis le 7 juillet ; on lui donna l'ordre de se rendre en bataille jusqu'à Albert avec un convoi de charrettes chargées de caisses vides. Les Espagnols campés entre Doullens et Arras furent informés par leurs espions de la direction que venait de prendre ce fort convoi ; ils quittèrent aussitôt leur retranchement pour se porter au-devant du convoi signalé. Lorsque les conducteurs, qui jusque-là s'étaient avancés lentement, se trouvèrent en vue des ennemis, à trois lieues de Corbie, ils tournèrent bride et rentrèrent dans cette ville une heure et demie après leur départ.

Pendant ce temps, Saint-Preuil quittait Doullens avec quatre cents charrettes, et, dans la nuit du 20 au 21 juillet, il rencontrait Châtillon venu au-devant de lui avec quatre mille hommes. En retournant au camp, ce général eut, en outre, la bonne fortune de rencontrer le gouverneur d'Hesdin, qui conduisait au camp cent chevaux chargés de farine.

Le marquis du Hallier, accompagné de Saint-Preuil et d'autres officiers distingués, quittait Doullens le 1er août avec un convoi de huit mille charrettes escortées par seize mille hommes, et prenait la direction d'Arras. Ce secours allait décider du sort de la capitale de l'Artois. Le 7 août, un autre convoi de neuf cents charrettes, parti de Doullens sous la conduite de du Hallier et de Saint-Preuil, arrivait au camp des assiégeants.

Les Espagnols, ayant reconnu l'impossibilité de soutenir pendant plus longtemps les efforts des assiégeants, consentirent enfin à capituler. Le 9 août 1640, Arras se rendait à l'armée de Louis XIII.

Pendant la durée du siège, les Espagnols n'avaient cessé d'insulter à l'immobilité des assiégeants ; sur la porte qui regardait le camp de l'armée française, ils avaient gravé cet insolent distique :

Quand les Français prendront Arras,
Les souris mangeront les chats.

Mais « la nouvelle de la prise d'Arras fut accueillie avec enthousiasme par les Parisiens, et la caricature se prit à son tour à railler les Espagnols de leur insuccès. Une estampe contemporaine nous a conservé l'un des dessins satiriques faits à cette occasion. Elle représente un chat, la moustache relevée, la rapière au côté, la fraise espagnole godronnée au cou, se laissant mordre par une bande de souris ; dans le fond, on aperçoit la ville d'Arras avec ses remparts, son beffroi et les clochers de ses églises ; au bas se lit cette inscription :

Quand les Français prendront Arras,
Les souris mangeront les chats.
Les Français ont pris Arras,
Et les souris n'ont point mangé les chats.

« Quant à la prophétie inscrite sur la porte de la ville, elle fut des plus spirituellement rétorquée par quelqu'un des loustics de nos vieux régiments d'infanterie, qui se contenta de la tourner contre ceux qui l'avaient faite, en supprimant seulement la première lettre du mot *prendront* (1). »

Le gouvernement d'Arras fut confié à Saint-Preuil en récompense de ses services. Dans une lettre que Louis XIII fit écrire par des Noyers aux maréchaux de Chaulnes, de Châtillon et de la Meilleraye, il disait entre autres choses : « M. de Saint-Preuil, qui est gouverneur d'Arras, doit avoir un soin particulier de traiter ces peuples, réduits de nouveau

(1) A. Janvier : *Récits picards*, p. 107.

à l'obéissance de Sa Majesté, avec tant de police et de douceur, qu'à leur exemple les villes voisines aient occasion de se soumettre volontairement à sa domination. »

La nomination de Saint-Preuil comme gouverneur d'Arras fut des plus flatteuses pour lui. Le cardinal de Richelieu le manda à Amiens, et, en présence de toute la cour, il lui dit : « Monsieur de Saint-Preuil, le roi vous donne le gouvernement d'Arras, et moi cette bague ; » et, lui passant au doigt un diamant de grand prix, il ajouta : « Si je n'étais le cardinal de Richelieu, je voudrais être Saint-Preuil. »

Le nouveau gouverneur d'Arras ne demeura point inactif dans le poste auquel il venait d'être appelé. Il renouvela, sur une plus grande échelle, les courses qu'il conduisait précédemment lorsqu'il était à Doullens. « Aussi, grâce à sa vigilance, les garnisons espagnoles des villes de guerre, dans un rayon d'une douzaine de lieues à la ronde, n'osaient-elles plus sortir de leurs quartiers qu'avec des précautions extraordinaires ; encore, malgré le mystère dont elles cherchaient à envelopper leurs opérations, étaient-elles souvent rencontrées et presque toujours battues, quand elles n'avaient pas elles-mêmes à se garder contre les entreprises de leur dangereux voisin. »

Une lettre d'Arras du 22 juin 1641 raconte en ces termes la prise du château fort de l'Écluse :

« Le sieur de Saint-Preuil, notre gouverneur, ayant su l'importance du fort de l'Écluse pour avoir été toujours choisi par nos ennemis depuis ces dernières guerres pour le lieu d'assemblée, comme étant le plus commode et le plus assuré poste qu'ils eussent dans tout l'Artois, l'alla reconnaître le 15 du courant. Le 18, à deux heures de nuit, il partit d'ici avec son régiment de cavalerie, celui du colonel Silhers qui est ici en garnison, six cents fantassins et deux pièces de canon, étant assisté du marquis de Meigneux, mestre de camp d'un régiment d'infanterie, alla attaquer ce château qui est au milieu d'un marais où l'on ne peut approcher que par le moyen d'une digue, ce qui n'empêcha pas qu'il ne fût pris d'abord, nonobstant les fréquentes mousquetades de ceux qui étaient dedans; en même temps, les volontaires se saisirent aussi de quelques postes très avantageux, où le gouverneur de ce château s'était retiré, lequel, se voyant pressé, fut contraint de demander composition, qui lui fut accordée, de sortir armes et bagages. Il y avait une compagnie de fantassins et quelques paysans dans ce château, où et dans les autres postes on a trouvé quantité de bétail, mais peu d'autres munitions. Si les balles ne lui eussent manqué, il ne se fût pas si tôt rendu, ce qui a obligé les ennemis de se rendre, joint qu'il y avait grand nombre de bouches inutiles, et entre autres cent cinquante femmes. Nous n'y avons perdu que quatre ou cinq soldats et dix ou douze blessés. La reddition de ce château est d'autant plus considérable qu'elle empêche toute communication de Douai à Bapaume avec Cambrai et Bouchain, où il ne saurait rien entrer sans qu'on en ait avis. Le lendemain, on envoya quantité de charpentiers, maçons et autres ouvriers pour le mettre en état de ne craindre pas les Espagnols. Le sieur Dorillac, lieutenant d'une compagnie au régiment du sieur de Saint-Preuil, qui en est gouverneur, ayant eu avis, dès la première nuit de son arrivée, par la sentinelle avancée, qu'on entendait quelque cavalerie aux environs de ce château, sortit aussitôt avec des mousquetaires, qui tirent une décharge sur les ennemis, dont ils eurent une telle épouvante que quelques-uns se noyèrent en fuyant; d'autres furent tués et sept faits prisonniers, qui ont été amenés en cette ville, où ils ont dit que ces cavaliers étaient des volontaires, lesquels ignoraient la reddition de ce château et venaient pour s'y retirer. »

A la suite de cette entreprise, Saint-Preuil quittait Arras le 21 juin entre dix et onze heures du soir, et se dirigeait sur Pont-à-Vendin.

« Ce poste était garni d'une forte barrière qui est entre le fort de ce pont et un moulin de difficile accès. Ledit sieur de Saint-Preuil, reconnaissant la difficulté de l'entreprise, fut assisté de quatre à cinq cents mousquetaires et de cinq cents chevaux, et s'avança vers ce pont; mais, étant à la vue de ce pont, il vit sortir du moulin quarante hommes qui, là, allumant leurs mèches, se mirent en posture de les recevoir. Mais ledit sieur de Saint-Preuil, s'étant avancé avec peu de ses cavaliers pour reconnaître la contenance des ennemis, s'aperçut qu'ils avaient mal à propos quitté la barrière de ce moulin qui leur pouvait servir de défense et résolut d'aller à eux l'épée à la main; il les chargea si brusquement qu'il en tailla en pièces une partie. Le reste, par la connaissance qu'ils avaient des lieux, voyant que les nôtres ne pouvaient passer que sur une planche pour aller à eux, assistés de la garnison d'un fort voisin qui était de deux compagnies de soldats espagnols, se mirent en devoir d'abattre cette planche pour leur empêcher le passage, mais leur effort fut inutile. Les ennemis, surpris d'épouvante de la hardiesse des nôtres, se retirèrent dans leur autre fort, s'étant contentés de leur tirer quelques mousquetades très innocentes. Il n'en fut pas de même de celles de nos mousquetaires, qui joignirent ledit sieur de Saint-Preuil avant que les ennemis fussent hors de la portée de leurs mousquets, car cette expédition fut si prompte que tout ce que purent faire nos gens de pied fut de venir à temps pour faire leur décharge sur les ennemis fuyant, lesquels, s'étant retirés dans leur fort, furent serrés de si près par les nôtres qu'ils les contraignirent de se rendre. Ledit sieur de Saint-Preuil se rendit maître de deux forts, l'un de vive force, l'autre par composition; nous y avons fait prisonniers deux capitaines et tous leurs officiers, pris deux drapeaux et cent cinquante soldats, de quoi ledit sieur de Saint-Preuil alla rendre compte au roi. »

Les nombreuses expéditions que Saint-Preuil dirigeait en pays ennemi étaient toujours couronnées d'un plein succès. Il était continuellement en campagne et fatiguait si fort les ennemis qu'ils ne le désignaient plus que sous le sobriquet de *Petit-Jean tête de fer*. La frayeur qu'il inspirait au peuple était tellement grande que son nom fut bientôt entouré d'une légende. Les paysans s'imaginaient qu'il avait fait un pacte avec le diable et que son cheval sautait des fossés de vingt-cinq à trente pieds.

Malgré les ordres qu'il avait reçus de traiter avec douceur les peuples nouvellement soumis à l'obéissance du roi de France, Saint-Preuil, au contraire, se rendit odieux par ses concussions et ses nombreux actes de violence. Quoique Richelieu eût beaucoup d'estime pour ce brillant officier, il cherchait l'occasion de le sacrifier à une raison d'État; elle ne devait point tarder à se produire.

Le 9 septembre 1641, les maréchaux de la Meilleraye et de Brézé, qui opéraient de concert en Flandre, détachèrent deux mille cavaliers et les envoyèrent devant Bapaume. Le lendemain, toute l'armée française investissait cette ville.

Le gouverneur de Bapaume se défendit mal; cependant les fortifications étaient en parfait état : sept bastions, six demi-lunes, une bonne contrescarpe et de profonds et larges fossés servaient de défense à la place. Les Français s'attendaient à un siège long et pénible : ils furent trompés dans leur attente.

A la sommation faite par les deux généraux, le gouverneur de Bapaume répondit fort ingénuement « qu'il était au désespoir de ne pouvoir obéir au commandement de Leurs Excellences, et qu'il n'osait se rendre que son bastion ne fût ouvert, mais qu'aussitôt il se rendrait. »

Montglat ajoute que « sur cette civilité et complaisance de ce gouverneur, » les généraux français firent jouer une mine et qu'aussitôt la ville se rendit. Les conditions de la capitulation furent assez dures. La garnison sortit le 19 septembre sans armes « ni chose quelconque ; » elle devait être conduite à Douai avec une escorte de cavalerie ; mais quand elle fut à une demi-lieue de Bapaume, l'ancien gouverneur de cette ville renvoya l'escorte pour ne conserver qu'un trompette du roi : c'était commettre une imprudence qui devait lui être funeste et allait occasionner un événement tragique.

Surpris par la nuit, les Espagnols firent halte à Dury et allumèrent des feux de bivouac. Saint-Preuil apprit par l'un de ses espions que quatre cents hommes de la garnison de Béthune devaient sortir de cette ville pour tenter un coup de main. A minuit, un autre espion vint l'informer que la garnison était sortie. Aussitôt Saint-Preuil prend avec lui trois cents cavaliers et six cents fantassins, et quitte Arras.

« On s'avance à la faveur de l'obscurité. Saint-Preuil et son ami Pontis devancent leurs gens. Tout à coup la lueur de différents feux leur indique la présence d'un camp régulier.

« Ce sont les ennemis, dit Saint-Preuil ; il faut les charger, et de bonne façon.

— Mais, demande Pontis, n'est-ce point ici la route de Bapaume à Douai, et ne serait-ce pas la garnison qui s'est rendue ?

— Il n'y a nulle apparence, reprend Saint-Preuil ; elle est depuis longtemps arrivée à Douai. »

» Saint-Preuil et Pontis rejoignent leur troupe, la rangent

en bataille et s'élancent pour tomber sur l'ennemi. Le gouverneur espagnol dépêche vers les assaillants le trompette qu'on lui a laissé ; mais cet homme, effrayé de la chaleur avec laquelle ses compatriotes s'avancent, et craignant que cette ardeur ne leur permette pas de distinguer tout de suite le caractère sacré de parlementaire qui le couvre, n'ose aborder de front la troupe qui le charge, et cherche à gagner le derrière de notre détachement. »

Les Espagnols font face à leurs adversaires ; mais, n'ayant aucune arme, puisqu'ils étaient sortis une baguette à la main, ils crièrent : « Bapaume ! Bapaume ! » Reconnaissant alors sa méprise, Saint-Preuil fit sonner la retraite. Il obligea ses soldats à rendre le butin qu'ils avaient pris, et fit payer ce qui fut conservé ; aussi les Espagnols rendirent justice à la générosité du gouverneur d'Arras, et l'ancien gouverneur de Bapaume lui donna même par écrit un témoignage attestant qu'il avait reçu toute la satisfaction désirable.

Dès lors Saint-Preuil était perdu. En effet, le 24 septembre, le maréchal de la Meilleraye arrêtait cet officier sur un ordre du roi. Il fut conduit à Amiens et enfermé dans la citadelle le 29 septembre. On commença son procès, et, le 9 novembre, ce vaillant capitaine avait la tête tranchée.

Henri Martin a insisté avec raison sur la vraie cause qui détermina Richelieu à faire exécuter cet acte de rigueur que, tant de fois, on lui a injustement reproché. Saint-Preuil était un officier très brave et très actif, mais d'humeur violente et pillarde. Malgré les incessantes recommandations qui lui avaient été faites de ménager Arras et le pays environnant, il s'était fait détester des habitants qu'il rançonnait sans pitié. « Il fut sacrifié, non point au droit des gens, ni, comme on l'a dit, à des haines particulières, mais aux intérêts de la conquête française ; on voulut prouver aux Artésiens, par un exemple terrible, que la France entendait protéger ses nouveaux sujets et leur tenir parole. »

Ainsi périt, à l'âge de quarante et un ans, celui qui paraissait devoir arriver aux plus hautes dignités militaires. Il reçut sa sépulture dans l'église des RR. PP. Feuillants à Amiens, et, sur sa tombe, se lisait l'inscription suivante :

« Qui que tu sois, ô passant, arrête ici tes yeux et tes pas, et considère dans ce tombeau celui de l'espérance humaine. Saint-Preuil, grand de naissance et plus grand encore de courage, nous montre, par son malheur, que les grandeurs du monde n'ont rien d'assuré que leur ruine ; il est mort, c'est un accident qui doit t'obliger à répandre au moins quelques larmes sur le lieu qu'il a mouillé de son généreux sang ; mais il est mort couronné de cent belles actions, c'est un bonheur qui t'oblige à lui porter envie. Ré, Carignan, Castelnaudary, Corbie et Arras furent les monuments de sa gloire. Amiens est le témoin de son trépas. Que cet épouvantable changement te fasse changer de vie, ô passant, et te porte à songer que toute divinité est impuissante hors celle qu'il a invoquée en mourant. Frémis dans la considération des jugements de Dieu ; prie pour son repos et pour le tien, et que tes vœux obtiennent que sa seconde vie soit plus heureuse que la première. »

En 1804, on découvrit les restes de Saint-Preuil dans la démolition de l'église des Feuillants. La tête fut transportée dans le cabinet d'histoire naturelle de la ville d'Amiens, où l'on aurait dû la conserver ; mais on a sans doute cru plus utile de la déposer dans le musée de cette ville, où on la voit actuellement.

VII

La bataille de Lens.

(1647.)

Au printemps de l'année 1648, Mazarin mettait une armée sur pied et en confiait le commandement au prince de Condé, qu'il envoyait en Flandre, car on prêtait aux ennemis l'intention de s'emparer de la Champagne et de la Picardie.

Les troupes françaises s'assemblèrent aux environs de Péronne le 8 mai et entrèrent en Artois le lendemain. Le 13, Condé se présentait devant Ypres et l'investissait.

L'archiduc Léopold d'Autriche essaya, mais en vain, de troubler les travaux du siège de cette ville ; il se porta en toute hâte sur Courtrai et s'en empara au bout de deux jours.

L'armée ennemie, renforcée de toutes les troupes dont pouvait disposer la cour d'Espagne, prit alors l'offensive. L'archiduc détacha huit mille hommes qu'il envoya en Artois, avec l'ordre de s'avancer jusqu'à Péronne s'il était nécessaire.

Le marquis de Villequier, gouverneur du Boulonnais, fut aussitôt envoyé à Albert avec cinq régiments de cavalerie et trois régiments d'infanterie pour observer la contenance des ennemis. De son côté, le prince de Condé serra de si près l'archiduc, que celui-ci fit revenir en toute hâte son détachement et se porta avec toutes ses troupes sur Landrecies.

Après qu'ils se furent emparés de Furnes (3 août), puis d'Estaires, les ennemis se replièrent vivement sur Lens.

Le 16 août, deux charrettes chargées de plus de quatre mille menottes sortaient de Douai et rejoignaient l'armée espagnole le lendemain. Ces menottes étaient destinées à serrer les mains des soldats français que les ennemis se faisaient fort de vaincre.

L'armée de l'archiduc comptait trente mille combattants, et Condé ne disposait que de seize mille hommes ; toutefois, son armée fut renforcée des quatre mille hommes de chevaux que le lieutenant général d'Erlach lui amena d'Alsace le 17 août.

Le gouverneur de la Bassée fit prévenir le prince, qui venait de reprendre Estaires, que les Espagnols passaient à Pont-à-Vendin et se dirigeaient sur Lens. Condé se porta immédiatement sur la Bassée avec toutes ses troupes. Il y arriva le 18 août, au soir ; il prit aussitôt un détachement de cavalerie et alla reconnaître les ennemis sur l'une des hauteurs qui dominent Lens. Il retourna à la Bassée, où le reste de ses troupes venait d'arriver. Condé manifesta une joie très profonde d'avoir vu les Espagnols « en si beau lieu pour les combattre. » Il désirait depuis longtemps leur livrer bataille, et, dans cette prévision, il avait envoyé tout le bagage de son armée à Arras et dans les autres villes frontières. « Il croyait avec raison, dit Mme de Motteville, qu'une célèbre victoire serait une parfaite réparation de la langueur de sa campagne et du mauvais état des affaires du roi, et il ne doutait pas qu'il ne battît les ennemis, s'il pouvait venir aux mains avec eux. »

De son côté, l'archiduc désirait aussi ardemment la bataille que son adversaire, et, dans cette prévision, il avait laissé son bagage dans les villes de Flandre.

Lorsque toutes ses troupes furent arrivées auprès de la Bassée, Condé arrêta l'ordre de la bataille. Le lendemain 19 août, l'armée française se mit en marche de très bonne heure. Le prince croyait trouver les ennemis sur la hauteur où il les avait vus la veille, mais il ne fut pas peu surpris de les apercevoir en bataille sous Lens, car cette place s'était rendue pendant la nuit, « sans essuyer cent coups de mousquet. »

La position avantageuse qu'occupait l'armée ennemie ne permit pas à Condé de l'attaquer. Il essaya par divers mouvements de forcer l'archiduc à abandonner son poste ; à cet effet, il s'avança dans la plaine, vers Liévin et Grenay, mais il lui fut impossible d'attirer les ennemis au combat. La journée se passa « en légères escarmouches, et nombre de coups de canon furent tirés de part et d'autre. »

La cavalerie française manquait d'eau et de fourrage ; les chevaux n'avaient ni bu ni mangé dans la journée du 19. Condé prit alors le parti de se rendre à Nœux, mais il attendit que le jour parût ; il dédaigna de se mettre en marche pendant la nuit ; il trouva plus digne d'un grand prince de se retirer en plein jour. Il lui était du reste plus facile ainsi d'observer les mouvements des ennemis, et il avait peut-être l'espoir qu'ils abandonneraient leur poste pour le suivre.

Le 20 août, de grand matin, le corps de réserve commença à se mettre en mouvement et servit d'avant-garde, puis venait la seconde ligne et ensuite la première ; le marquis de Noirmoutier commandait dix escadrons qui devaient servir à protéger l'arrière-garde. Le général Beck s'aperçut que ces escadrons se trouvaient un peu trop éloignés du gros de l'armée ; il fondit sur eux avec sa cavalerie lorraine et les culbuta. Le jeune duc de Châtillon s'avança alors avec ses gendarmes contre la cavalerie de Beck et la repoussa jusqu'au pied de la hauteur qu'elle occupait avant l'attaque ; mais trois gros escadrons, détachés par l'archiduc, vinrent renforcer la cavalerie de Beck et culbutèrent les gendarmes de Châtillon.

A la vue de cet échec, Condé fit ranger en bataille sur une hauteur voisine les troupes qui se dirigeaient sur Nœux et plaça huit escadrons dans la plaine afin de protéger la retraite de Châtillon en cas de nécessité. Il parcourut alors les escadrons et engagea les soldats à faire leur devoir ; ils lui promirent qu'ils se laisseraient tuer plutôt que de l'abandonner. Cependant, lorsqu'il voulut les mener à la charge, il ne fut suivi que d'un très petit nombre de ses soldats ; les autres s'enfuirent en désordre sur le gros de la réserve. Peu s'en fallut que le prince ne fût pris ou tué, « et bien lui prit d'avoir un bon cheval. »

Condé résolut alors, d'accord avec ses officiers, de livrer bataille aux ennemis ; il passa à la tête de ses troupes et dit aux soldats « qu'il les conjurait de se ressouvenir de leur ancienne valeur et de ce qu'ils devaient au roi, comme aussi de bien observer les ordres qu'on leur avait donnés ; que l'action dont il s'agissait était de telle importance, vu la situation présente des affaires, qu'il fallait vaincre ou mourir, et qu'il allait leur montrer l'exemple en entrant le premier dans l'escadron des ennemis qui serait opposé au sien. Ce discours court et pathétique plut infiniment aux soldats : toute l'infanterie jeta des cris de joie et leurs chapeaux en l'air ; la cavalerie mit l'épée à la main, et toutes les trompettes sonnèrent des fanfares avec une joie qui ne se peut exprimer. »

C'est sans nul doute ce passage des *Mémoires* d'un officier qui fut présent à l'action et y prit une part active qui fit dire à plusieurs historiens modernes, notamment Henri Martin, que

Condé prononça ces simples mots : « Amis, souvenez-vous de Rocroi, de Fribourg et de Nordlingue ! »

Il faut reléguer ces paroles, qui ressemblent trop à celles que prononça Napoléon dans une circonstance semblable, parmi les légendes de l'histoire, et s'en tenir à la harangue rapportée par Châtillon à la reine, telle que nous l'a conservée Mme de Motteville : « Mes amis, ayez bon courage. Il faut nécessairement combattre aujourd'hui : il sera inutile de reculer, car je vous promets que, vaillants et poltrons, tous combattront, les uns de bonne volonté et les autres par force. »

D'après les *Mémoires* du maréchal de Gramont, le prince de Condé prit le commandement de l'aile droite, composée de neuf escadrons. L'aile gauche, qui comptait également neuf escadrons, fut confiée à Gramont. Le corps de bataille était formé de deux lignes d'infanterie de cinq bataillons chacune ; en avant se trouvait l'artillerie, et derrière, six escadrons de gendarmes ; le commandement en avait été donné à Châtillon. Quant au corps de réserve, qui comptait six escadrons, il était commandé par le lieutenant général d'Erlach.

Le prince de Condé répéta à ses troupes trois choses qu'il leur avait recommandées la veille : « La première, de se regarder marcher afin que la cavalerie et l'infanterie fussent sur la même ligne, et qu'on pût bien observer ses distances et ses intervalles ; la seconde, de n'aller à la charge qu'au pas, et la troisième, de laisser tirer les ennemis les premiers. »

Le général Beck, enflé du maigre succès remporté par lui tout d'abord, fit prévenir l'archiduc qu'il n'avait qu'à sortir des lignes avec ses troupes, et qu'il répondait de la défaite des Français. Sur cet avis, « il courut à la victoire et n'eut pas le temps de prendre haleine pour la bataille. »

Cependant, les Hispano-Impériaux s'avancent résolument contre leurs adversaires tout en se mettant en bataille. C'est en ce moment critique que Condé fit passer la seconde ligne de cavalerie de l'aile droite à la place de la première ligne, parce que celle-ci se trouvait encore effrayée de l'attaque qu'elle avait supportée précédemment. C'était une entreprise très périlleuse ; « mais Condé, a-t-on dit, était de ces génies qui peuvent hasarder beaucoup sans témérité, certains qu'ils sont de puiser dans le péril des illuminations soudaines. »

Il était huit heures du matin lorsque le prince donna l'ordre d'avancer sur l'ennemi. Les deux armées se trouvaient à trente pas l'une de l'autre.

Le prince de Salm et le comte de Ligneville commandaient les deux lignes de l'aile gauche de l'armée ennemie ; Bucquoy et le prince de Ligne étaient à la tête de l'aile droite ; Beck, Fuensaldagne et l'archiduc commandaient le centre.

Trois coups de fusil furent tirés, comme signal, de l'aile gauche de l'armée espagnole contre l'aile droite de l'armée française ; puis, le prince de Salm s'avança au trot avec sa première ligne contre celle du prince de Condé ; celui-ci marcha au petit pas, faisant observer le silence le plus complet dans les rangs.

Les deux armées ne se trouvaient plus qu'à quatre pas ; c'était un duel, dit Gramont, plutôt qu'une bataille. Le prince de Salm fit faire feu sur notre droite, qui riposta vigoureusement et culbuta la première ligne de l'aile gauche de l'armée ennemie, mais la seconde ligne repoussa la première ligne de Condé et la mêlée fut sanglante.

Le marquis de Noirmoutier, placé à la tête de la seconde ligne, soutint la première ligne. Le prince, qui ralliait ses escadrons au fur et à mesure qu'ils étaient rompus et les ramenait à la charge, s'aperçut des efforts tentés par les ennemis pour culbuter ses lignes ; il fit alors avancer d'Erlach avec sa réserve. Le combat devint plus meurtrier, mais l'aile gauche de l'armée espagnole dut se replier et battre en retraite. Cette déroute allait décider de la victoire.

L'action n'avait point tardé à devenir générale. Pendant que Condé se trouvait aux prises contre l'aile gauche, Gramont attaquait l'aile droite. Ses cavaliers essuyèrent une furieuse décharge, mais ils s'avancèrent avec tant d'impétuosité contre la première ligne qu'ils la culbutèrent; la seconde ligne essaya de soutenir la première, mais elle fut chargée avec la même valeur et dut battre en retraite après n'avoir opposé qu'une faible résistance. Le commandement de la première ligne de Gramont avait été confié à la Ferté-Senneterre, qui, suivant l'expression de la *Gazette*, « fit pousser la victoire avec tout le cœur et la conduite imaginables. »

Voyant ses deux ailes rompues et son corps de bataille enfoncé, l'archiduc Léopold essaie de rallier ses troupes et paie généreusement de sa personne, mais sa cavalerie s'était enfuie; il se retira alors pour éviter d'être fait prisonnier.

L'infanterie espagnole était restée sur le champ de bataille; elle se forma en un gros bataillon. Condé la fit entourer par sa cavalerie, qui l'entama presque aussitôt. Ces malheureux fantassins jetèrent leurs piques et leurs mousquets, et demandèrent quartier, les mains jointes et un genou en terre.

Une partie de la cavalerie française poursuivit les fuyards jusqu'à Douai, où s'était réfugié l'archiduc. Le prince fit investir Lens sans plus tarder, et cette place se rendit à discrétion à la première sommation. Six cents soldats laissés par l'archiduc furent faits prisonniers de guerre.

L'engagement avait duré de huit heures du matin à une heure de l'après-midi, et la victoire était complète pour les Français. Ceux-ci avaient perdu cinq cents hommes tant tués que prisonniers, tandis que les Hispano-Impériaux laissaient trois mille morts sur le champ de bataille et cinq mille huit cents prisonniers, dont huit cents officiers ; cent vingt drapeaux ou étendards, trente-huit pièces de canon, tout le bagage, des ponts de bateaux et les deux charrettes de menottes restèrent aux mains des Français.

Parmi les officiers prisonniers se trouvaient le prince de Ligne, le comte de Saint-Amour et le général Beck ; ce dernier, blessé d'un coup de mousquet à l'épaule droite, fut transporté à Arras, où il mourut le lendemain, autant de colère que de sa blessure. « Il ne fit que jurer durant sa prison, dit Montglat, sans vouloir recevoir compliment de personne, pas même du prince de Condé, tant il était enragé de la perte de cette bataille, et de se voir entre les mains de celui qu'il croyait prendre lui-même. »

Mme de Motteville raconte que les Espagnols avaient fait insérer dans leurs gazettes, quelques jours avant leur défaite, qu'ils allaient faire jeter des monitoires pour savoir ce qu'était devenue l'armée de France, car ils l'avaient cherchée partout sans avoir pu la rencontrer. Après la bataille de Lens, les Français ne manquèrent pas de rappeler cette rodomontade et de la retourner contre leurs adversaires, car l'archiduc n'avait plus d'armée.

Le marquis de Villequier fut chargé de commander les deux régiments de cavalerie et le régiment d'infanterie qui devaient servir d'escorte aux prisonniers espagnols ; ils passèrent à Doullens le 26 août et arrivèrent à Amiens le lendemain. « On les enferma dans des cours bien closes, dit un témoin oculaire ; ces pauvres prisonniers, se voyant ainsi captifs, criaient et se lamentaient, disant : « Faites-nous mourir, » tuez-nous ! nous vous pardonnons notre mort. »

» Ils pleuraient, cela faisait pitié à voir, car la plupart étaient blessés. Les officiers furent mis en des étables à couvert et bien gardés. »

La défaite de l'archiduc Léopold à Lens produisit un effet décisif à la cour de Vienne. Le 24 octobre 1648, les deux traités de Westphalie, signés à Munster, mettaient fin à la guerre de Trente ans.

VIII

Traîtres. — Condamnations. — Exécutions. — Complot contre la vie de Richelieu.

Après avoir esquissé à grands traits les actions d'éclat de ces brillants officiers qui chassèrent l'ennemi de notre territoire, il nous reste un devoir bien pénible à remplir ; nous devons faire connaître les actes de défaillance qui se produisirent, et livrer à l'opprobre les noms de ceux qui se rendirent coupables de lâcheté.

La guerre était à peine déclarée que le gouverneur d'Hesdin envoyait en Picardie, au mois de juillet 1635, un détachement de soldats espagnols sous le commandement du comte de Frezin. Celui-ci était conduit dans le Ponthieu par plusieurs traîtres de ce pays. Adrien de Lamiré, sieur de Vercourt, était accusé d'avoir accompagné le comte jusqu'aux portes de la petite ville de Rue, de s'être trouvé au siège du village de Dompierre-sur-Authie avec les troupes ennemies, d'avoir assisté avec elles au pillage puis à l'incendie de Vironchaux, de Crécy et autres localités, « d'avoir levé les contributions sur les villages du comté de Ponthieu et en avoir donné quittances signées de lui, et soustrait et débauché les sujets du roi de l'obéissance qu'ils lui devaient pour les porter au service du cardinal-infant. » Il était également accusé « d'avoir abusé des deniers et des commissions du roi, de s'être retiré avec les ennemis de l'État, d'avoir participé à leurs conseils et favorisé les entreprises par eux faites, erré et levé des gens pour eux, fait faire des bateaux, échelles et pétards pour surprendre les villes de Rue et d'Abbeville, et d'être entré à main armée dans le royaume. »

Ce traître, ayant été pris, fut jeté en prison ; mais il ne tarda pas à s'évader, grâce à la complicité d'un nommé de Lignières.

Le 30 janvier 1636, Laffemas, intendant de Picardie, prononçait contre le sieur de Lamiré, contumace, les peines les plus sévères ; il était condamné, comme criminel de lèse-majesté, « à être traîné sur une claie par l'exécuteur de la haute justice, depuis le château de Ponthieu, à Abbeville, jusqu'au grand marché de cette ville, et là, écartelé et tiré vif à quatre chevaux, ses membres portés aux avenues des quatre principales portes de cette ville et sa tête attachée à un poteau posé sur la porte Marcadé, tirant du côté de Nouvion, s'il est pris et appréhendé ; sinon, sera exécuté en effigie, sa mémoire condamnée, sa principale maison rasée, et sur son emplacement on élèvera une pyramide sur laquelle sera posée une lame de cuivre contenant en substance la cause de sa condamnation ; tous ses biens seront acquis et confisqués au profit du roi après qu'on en aura pris la somme de mille livres applicables en œuvres pies. »

Une récompense fut promise à ceux qui pourraient se saisir de la personne du sieur de Vercourt, tandis que les peines les plus sévères attendaient ceux qui l'auraient caché.

Le 20 février, Louis XIII écrivait au maïeur et aux échevins d'Abbeville, les priant de faire arrêter le « nommé Vercourt, fils bâtard du sieur de Nouvion, en quelque lieu qu'ils pussent le rencontrer. » Son père, Adrien de Lamiré, écuyer, seigneur de Nouvion, fut transféré de la citadelle d'Amiens à la prison du château de Ponthieu, à Abbeville, « pour lui être son procès fait et parfait. »

Par cette même sentence, Julien le Sueur, sieur de la Pâture, demeurant à Argoules, complice d'Adrien de Lamiré, fut également « condamné à être rompu vif, son corps mis sur une roue plantée sur le grand chemin d'Abbeville à Rue et sa tête sur la principale porte de la ville de Rue, et, avant l'exécution de mort, ordonné qu'il serait appliqué à la question ordinaire et extraordinaire pour avoir révélation de ses complices. »

Julien le Sueur était coupable d'avoir conduit les ennemis à Rue pour s'emparer de cette ville. A leur approche, l'alarme fut donnée dans la place. Voyant qu'ils étaient découverts, les Espagnols se retirèrent, mais le Sueur fit semblant de s'être échappé de leurs mains et entra dans la ville. Il demanda à voir le gouverneur, auquel il voulut faire croire qu'ayant été pris par les ennemis, il avait réussi à s'évader pour venir lui révéler leurs desseins. Mais ce n'était qu'une ruse ; ce traître avait voulu se rendre compte de l'état de la place pour en informer les Espagnols. Le gouverneur de Rue ne s'y laissa point tromper ; il se saisit du sieur de la Pâture et l'envoya à l'intendant de Picardie, qui fit instruire son procès ; on sait le reste.

Précédemment, les nommés Lambert, Pierre Bidet et le fils de ce dernier avaient été condamnés, le 5 janvier, à être rompus vifs comme complices d'Adrien de Lamiré.

Le 3 juillet 1636, l'armée ennemie se présentait devant la Capelle et commençait le siège de cette petite place, qui n'était composée que de quatre bastions et défendue par quatre cents hommes.

Deux jours avant l'investissement de cette ville, le baron du Bec-Crespin, qui en était gouverneur, disait que si les Espagnols se présentaient pour en faire le siège, il tiendrait au moins pendant six semaines, quelques efforts qu'ils fissent. Malgré cette assurance, la Capelle fut battue si rudement par les ennemis que le gouverneur capitula le 10 juillet, après sept jours de siège.

Si l'on en croit Richelieu, les fossés de cette place étaient encore pleins d'eau, les officiers et les habitants ne demandaient qu'à faire leur devoir, mais le gouverneur eut recours à l'intimidation pour leur faire signer la capitulation, les menaçant de les livrer sans quartier aux ennemis s'ils ne la signaient point.

En cette circonstance, le cardinal nous paraît sinon manquer d'impartialité, du moins faire preuve d'une grande sévérité à l'égard du gouverneur de la Capelle. Voici ce qui s'était passé, ainsi que le rapporte un historien écrivant dix ans plus tard.

Le baron du Bec, après avoir fait incendier le bourg, se retira dans le château avec la garnison ; mais l'église, restée debout, servit d'abri aux ennemis, qui se retranchèrent aussi derrière les ruines formées par l'incendie. Une ancienne brèche faite aux fortifications du château avait été depuis mal réparée ; les ennemis, s'en étant aperçus, dirigèrent leurs efforts de ce côté. Quelques habitants quittèrent la place et poussèrent la lâcheté et la trahison jusqu'à indiquer au prince Thomas de Savoie la tour où se trouvaient les poudres ; il la fit alors attaquer, et elle ne tarda pas à être abattue. Les deux pointes des bastions ayant ensuite été prises, les assiégés se retranchèrent dans les gorges et se défendirent courageusement ; mais les habitants, craignant d'être massacrés si leur ville était emportée d'assaut, supplièrent le gouverneur de se rendre ; celui-ci ne voulut point les écouter. Quelques bourgeois et même des soldats essayèrent de provoquer une émeute, qui fut aussitôt étouffée ; mais, le lendemain 8 juillet, le baron du Bec, s'attendant à un assaut général, ne crut pas pouvoir s'opposer plus longtemps à des forces si imposantes, étant donnée surtout la peur qui s'était emparée de la garnison. Il fit sortir un tambour chargé de demander à parlementer, et la capitulation ne tarda pas à être signée. Elle était honorable pour les vaincus ; mais le seul reproche sérieux que l'on fût en droit de faire au gouverneur de la Capelle, c'était de s'être rendu sans en avoir donné avis au comte de Soissons et sans lui avoir fait demander s'il pouvait le secourir.

L'abbé Arnauld raconte dans ses *Mémoires* que, lorsque le cousin germain de son père, Isaac Arnauld, mestre de camp des carabins de France, fut envoyé en Picardie pour reconnaître l'état des places qui pouvaient être attaquées, le baron du Bec, « homme d'esprit et de qualité, mais qui n'avait jamais vu de guerre, » le reçut agréablement; il « lui fit faire le tour de la place en dedans et en dehors, lui en fit remarquer le fort et le faible, discourant avec tant de lumière et de bon sens de ce que pouvaient entreprendre les ennemis s'ils l'assiégeaient, et de ce qu'il leur opposerait pour sa défense, que César lui-même, à ce que disait M. Arnauld, n'aurait pas pu en parler plus pertinemment. Cependant cet homme, si habile et si brave dans son cabinet, perdit l'esprit et le cœur à la vue des ennemis. »

Quinze jours plus tard, on apprit que les ennemis se disposaient à attaquer le Catelet, petite place pourvue de quatre bastions revêtus à fossé sec. Elle avait pour gouverneur le sieur de Saint-Léger ; on avait à la cour et à l'armée une fort mauvaise opinion de cet officier, bien que son neveu, le duc de Saint-Simon, eût affirmé que son oncle ne capitulerait pas.

Le roi et le comte de Soissons pensèrent, chacun de leur côté, qu'il serait bon d'envoyer au Catelet un officier consommé qui s'opposerait à toute capitulation dans le cas où le gouverneur voudrait rendre la place.

Ce fut un capitaine du régiment de Champagne, nommé Nargonne, « estimé homme de cœur, » que Louis XIII envoya au Catelet afin d'encourager les assiégés à se défendre et de les assurer que le roi ne tarderait point à venir à leur secours. L'ordre que reçut cet officier portait que, s'il voyait que le gouverneur voulût se rendre sans y être forcé par les ennemis, il le fît arrêter et le tuât.

En arrivant au Catelet, les Espagnols lancèrent une grande quantité de bombes dans la place. Le feu prit à plusieurs maisons, ce qui effraya tellement la garnison que le gouverneur demanda à capituler. Nargonne lui-même, paraît-il, serait sorti de la place pour en proposer la reddition ; aussi, lorsqu'il se rendit auprès de Richelieu et voulut se disculper, n'en fut-il point écouté. Il fut jeté en prison, où il demeura pendant quatre ou cinq ans, et peu s'en fallut qu'il n'eût la tête tranchée.

Quoiqu'il n'y eût aucune brèche de faite au Catelet, le gouverneur ne rendit pas moins cette place le 25 juillet, ce qui fit dire à des Noyers dans une de ses lettres : « Tout le monde trouve cette subite reddition fort étrange. Si les places tiennent si peu, il n'en faut plus avoir en France. On fera mieux d'en laisser l'usage aux Allemands ; ils se sont défendus deux mois dans Saverne, sans bastions ni remparts. »

Les nombreux ennemis du cardinal ne manquèrent pas d'exploiter contre lui la capitulation de la Capelle et celle du Catelet, en répandant le bruit qu'il avait laissé sans défense et dans un mauvais état les places frontières de la Picardie. Ce fut sans doute pour étouffer ce bruit qu'il persuada au roi de faire faire le procès des deux gouverneurs. A cet effet, un assez long mémoire fut rédigé, qui concluait à leur mise en accusation.

Le 30 juillet, Richelieu écrivait aux ducs de Chaulnes et de Brézé pour les prévenir que le roi était bien étonné d'apprendre que le baron du Bec n'eût pu être arrêté avant sa fuite à l'étranger, malgré l'ordre qu'ils en avaient reçu. Il s'étonnait également que Saint-Léger ne fût pas encore pris.

Voici à ce sujet ce que pensait un historien, qui n'est pas toujours impartial, mais qui pourrait bien ici avoir raison. « Les gouverneurs trouvèrent moyen de s'échapper, dit Michel le Vassor, soit que ce fût un bon office de leurs amis, soit que le cardinal favorisât lui-même sous main leur évasion et voulût seulement les faire condamner par contumace, de peur qu'en les mettant dans la nécessité de parler à leurs juges et de se justifier, ils ne montrassent que la perte de leurs places lui devait être uniquement imputée. Richelieu et ses créatures faisaient grand bruit à la cour. On tâchait de prévenir et d'irriter le roi contre la prétendue lâcheté de deux gentilshommes qui ne manquaient pas de courage. « N'épargnez ni gouver- » neurs, ni lieutenants, ni capitaines, ni officiers, ni sol- » dats, » disait des Noyers à Bellejamme et à Choisy, nommés commissaires pour l'instruction du procès. Le cardinal et ses gens étaient d'autant plus animés que les soldats des deux garnisons de la Capelle et du Catelet, mécontents de ce qu'ils n'avaient rien reçu de leur solde depuis longtemps, dirent sans façon, au rapport du savant Grotius, qu'ils ne voulaient pas donner leur vie pour soutenir une querelle où le roi n'avait aucune part, et qu'il était seulement question de maintenir la fortune du premier ministre. »

Quelques jours après la prise du Catelet, l'armée ennemie se porta sur Corbie. En apprenant que cette ville allait être investie, Maximilien de Belleforière, comte de Soyécourt, plus connu sous le nom de Saucourt, lieutenant général du roi en Picardie, se jeta dans cette place pour la défendre conjointement avec le marquis de Mailly, qui en était gouverneur.

Richelieu avait toujours eu la plus grande confiance dans la bravoure et dans la fidélité de Saucourt. Le 28 mai 1635, il lui adressait ses félicitations sur le soin qu'il avait pris de faire armer les villages de Picardie; dans la même lettre, il le félicitait également des réparations qu'il avait fait exécuter aux fortifications de Corbie. Quand, dans les premiers jours du mois d'août 1636, le cardinal apprit que les Espagnols allaient assiéger cette ville, il écrivit aussitôt au comte de Soyécourt pour lui faire part de la joie qu'il en éprouvait, car, au moins, il était certain que cet officier n'imiterait point la lâcheté des gouverneurs de la Capelle et du Catelet. « Vous entendrez parler dans peu de jours de leur châtiment, ajoutait-il. Sa Majesté est très disposée à reconnaître et récompenser ceux qui feront leur devoir en ces occurrences. » Mais, comme on ne tardera point à le voir, les compliments et les promesses de Richelieu furent faits en pure perte.

La garnison de Corbie se composait de mille six cents hommes. Mais, soit que le roi n'eût point confiance en Soyécourt, soit que des bruits de capitulation fussent arrivés jusqu'à lui, il manifesta l'intention d'envoyer quelqu'un dans la place assurer les assiégés qu'ils seraient secourus.

Saint-Preuil, assez mal en cour alors, crut pouvoir se réhabiliter en s'offrant pour porter les ordres du roi à Corbie; son offre fut acceptée, et il partit aussitôt. Il traversa la Somme à la nage et entra dans la place, non sans avoir plusieurs fois risqué sa vie. Après qu'il eut fait reconnaître le but de sa mission, le comte de Soyécourt lui remit le commandement de la ville.

Saint-Preuil visita aussitôt la place et prétendit qu'elle pouvait soutenir un long siège. En entendant cette déclaration, les bourgeois et même quelques officiers de la garnison voulurent lui faire un mauvais parti et l'eussent impitoyablement mis à mort si Saucourt ne fût arrivé à son secours. « Ayant ainsi évité le danger, dit un historien, il déclara tout haut que la place n'était pas tenable; sur quoi, il fut résolu que la capitulation serait effectuée. » Cette ville se rendit le 15 août.

Le lendemain, Richelieu écrivait au roi pour le prier de faire arrêter Saucourt et Mailly; ce dernier seul fut pris et enfermé à la citadelle d'Amiens. Pour favoriser l'évasion du premier, ses amis firent répandre le bruit qu'il se rendait à Calais.

Richelieu résolut de punir les « capitulards, » dont trois avaient pu fuir à l'étranger, le marquis de Mailly, seul, ayant été pris.

Un procès s'instruisit contre le baron du Bec et contre Saint-Léger. Le premier fut condamné à mort, tous ses biens confisqués, ses bois et ses maisons rasés; mais il parvint ensuite à se justifier du crime dont on l'avait accusé et fut envoyé en Allemagne, où il servit sous le maréchal de Guébriant, son beau-frère.

Quant au gouverneur du Catelet, il fut condamné à être écartelé, peine qui n'était infligée qu'aux criminels de lèse-majesté au premier chef.

Le mécompte qu'éprouva Richelieu après avoir chaudement loué Saucourt, contribua à l'irriter davantage contre cet officier. Le 19 août, il écrivait à Chavigny pour lui donner ses instructions relativement à l'arrestation du coupable, qui comptait sur sa parenté avec la duchesse de Chaulnes pour en obtenir protection. Le lendemain, il écrivait au même : « M. de Chaulnes a laissé évader Saucourt, nonobstant l'avis que Saint-Preuil lui avait donné de l'arrêter. Sans rigueur, on perdra l'État. »

Le 21 août, Richelieu se plaignait au roi de la faiblesse qu'avait montrée le duc de Chaulnes en ne voulant point faire arrêter le comte de Soyécourt. Cinq jours plus tard, Louis XIII, écrivant à M. de Matignon, lui disait : « La lâcheté et le crime de Saucourt sont assez connus à tout le monde par l'infâme reddition qu'il a faite de ma ville de Corbie.... Il doit se retirer en Angleterre.... Prenez soigneusement garde à la côte dans l'étendue de votre gouvernement, afin de l'arrêter s'il se présente.... Vous ne manquerez d'exécuter le commandement très exprès que je vous fais, qui est un des plus grands services que vous puissiez me rendre et à mon État dans les occasions présentes. »

Le comte de Soyécourt était effectivement passé en Angleterre. Son procès ne tarda pas à être instruit. Le 25 octobre, Louis XIII présidait à Amiens, en l'hôtel du duc de Chaulnes, un conseil de guerre, chargé de juger l'affaire de Saucourt. Les membres qui le composaient étaient : Richelieu, le chancelier, le duc d'Angoulême, le duc de Chaulnes, Châtillon, la Meilleraye, Jean de Rambures, de Mouy, lieutenant du gouverneur de Normandie, Bouthillier, surintendant des finances, et les secrétaires d'État Chavigny, de la Vrillière et Sublet des Noyers.

L'intendant de Picardie, appelé au sein du Conseil pour donner lecture de son rapport, rendit compte de ce qui s'était passé au siège de Corbie. Il fit connaître : 1° l'état de la place au point de vue des fortifications et des munitions qu'elle renfermait lorsqu'elle avait été rendue à l'ennemi ; 2° les fautes et les négligences commises par Saucourt à l'occasion de la défense ; 3° les ordres donnés par le roi de tenir ferme, ordres transmis à deux reprises différentes par le sergent-major du régiment de Périgord et par Saint-Preuil.

Le chancelier donna ensuite lecture de l'information et des différentes pièces de la procédure, et l'intendant, prié par le roi de faire connaître son avis, compara la conduite de Saucourt à celle des gouverneurs de la Capelle et du Catelet ; il conclut à ce que la même peine lui fût infligée. Tous les membres du conseil adoptèrent cette conclusion. Cependant, la Meilleraye fit observer que l'on s'était toujours borné jusque-là à trancher la tête aux seigneurs et aux gentilshommes ; mais l'un de ses collègues répondit que, d'après le procès, Soyécourt avait fait preuve de trahison en même temps que de lâcheté, puisqu'il avait livré la ville aux ennemis malgré les ordres du roi, et qu'enfin, pendant la trêve, il avait diminué la défense de la place au lieu de l'augmenter.

En conséquence, le comte de Soyécourt fut reconnu coupable du crime de lèse-majesté, et, comme tel, condamné à être décapité, son corps tiré à quatre chevaux et sa tête mise sur une lance au-dessus de la porte Saint-Denis à Paris. Ses biens furent confisqués au profit du roi, qui en fit don à l'hôtel de Saint-Louis à Paris, ses bois coupés à trois pieds de hauteur, ses maisons rasées et son écusson effacé. « On l'a traité fort bénignement, écrivait Richelieu le lendemain, n'ayant été condamné qu'aux mêmes peines que Saint-Léger et du Bec, et sa lâcheté étant beaucoup plus grande. » L'exécution en effigie se fit à Amiens le 29 octobre.

Le 10 novembre, Chavigny écrivait au cardinal que le comte d'Avaux avait supplié le roi de ne point faire abattre le château de Tilloloy-lès-Roye, parce que sa sœur, Mme de Soyécourt, y avait son douaire ; mais que, comme son beau-frère avait quatre autres châteaux en Picardie, il était loisible de prendre celui qu'on voudrait « pour la justice publique. »

Richelieu répondit à la lettre du secrétaire d'État : « Nous ne jugeons point qu'il faille apporter aucun changement en la résolution qui a été prise de raser la maison de Tilloloy. »

Le 22 novembre, le roi ordonna l'exécution de la sentence, frappant le comte de Soyécourt dans ses biens. Le château de Tilloloy fut démoli, et les bois qu'il possédait dans ce village et aux environs furent coupés à trois pieds de terre.

Il semble, d'après les dispositifs sévères du jugement, que jamais une réhabilitation fût possible. C'est cependant ce qui arriva.

Le comte de Soyécourt rentra en France en 1643 ; on procéda à une nouvelle information, et il fut « envoyé quitte et absous de l'accusation contre lui faite, et ordonné par la cour qu'il serait élargi. »

Après la réhabilitation de Saucourt, Louis XIV lui donna de l'argent pour relever son château ; la première pierre en fût posée le 26 avril 1645. Mais, après son retour en France, cet officier ne prit plus part aux affaires publiques ; il se retira dans le couvent des Jacobins à Paris, où il mourut le 22 mars 1649. Il reçut sa sépulture dans ce couvent, et son cœur reposa dans l'église de Tilloloy ; des ouvriers l'ont retrouvé en 1863.

Trois jours après la reddition de Corbie, le marquis de Mailly écrivait d'Amiens à Richelieu : « Monseigneur, j'ai cru que Votre Éminence n'aura point désagréable que je lui envoie ce gentilhomme avec ces lignes pour lui faire entendre ce qui s'est passé à mon égard au siège de Corbie, pour prévenir ceux qui en pourraient dire quelque chose à Votre Éminence à mon désavantage, et lui faire connaître que tout ce que j'y ai fait ça été de rendre une aveugle obéissance à celui auquel Sa Majesté en avait donné tout le commandement, avec lettre particulière de répondre de la place ; aussi, n'ai-je eu aucune communication des conseils ni des ordres qui y ont été donnés non plus que de la capitulation qui a été faite. Par conséquent, s'il y a quelque chose qui puisse déplaire à Votre Éminence, je ne crois pas qu'elle m'en veuille imputer aucun blâme; c'est de quoi je la supplie très humblement, et, n'était que le sentiment qui me reste de me venger des ennemis de Sa Majesté, qui se vantent de venir attaquer quelque place, je serais allé moi-même rendre le témoignage à Votre Éminence de cette vérité. »

Le marquis de Mailly fut arrêté à Abbeville le 18 août. L'information fut faite le 20 août et le 1er septembre par Gobelin, maître des requêtes. Bien que n'étant point responsable de la capitulation de Corbie, puisque le comte de Soyécourt en avait pris le commandement dès son arrivée, le marquis n'en était pas moins accusé d'avoir fait preuve de faiblesse pour n'avoir point combattu les desseins du comte ; on lui reprochait encore d'avoir signé un certificat que Saucourt avait réclamé pour sa justification.

Le lendemain de la condamnation du comte de Soyécourt, d'autres disent le même jour, il fut procédé au jugement du marquis de Mailly. Louis XIII ordonna qu'il fût amené de la citadelle d'Amiens, où il était toujours enfermé, afin qu'il pût faire entendre sa défense, mais le duc d'Angoulême rappela au roi avec infiniment d'à-propos que les monarques « ne voyaient les criminels que pour leur faire grâce. Le chancelier ayant insisté pour faire comparaître Mailly, il fut décidé que ce dernier serait appelé et interrogé, et que, pendant son interrogatoire, le roi se retirerait dans son cabinet, ce qui fut fait. Amené de la citadelle sous l'escorte de Launay, lieutenant des gardes, et mis en présence de ses juges, Mailly reconnut ses torts, cherchant cependant à décliner la responsabilité de la reddition de la ville, qui, avouait-il, pouvait être mieux défendue et plus longtemps gardée. Après l'interrogatoire, et Mailly reconduit à la citadelle, le roi reprit immédiatement la présidence du conseil, qui condamna Mailly à s'absenter de la cour pendant trois ans, avec défense de se trouver dans aucun lieu où serait Sa Majesté ; lui enleva la charge de gouverneur de Corbie, et le déclara incapable de tenir aucune charge pendant dix ans, l'interdiction devant être maintenue même après cette époque, à moins qu'il n'eût rendu au roi un signalé service. »

On voit reparaître le marquis de Mailly en 1640 au siège d'Arras, et en 1641 à la bataille de Sedan. Trois ans plus tard, il obtint un arrêt de réhabilitation.

Les capitulations successives de la Capelle, du Catelet et de Corbie avaient jeté une telle épouvante en France que partout on ne voyait que trahisons. Le cardinal, accusé, comme on l'a vu, d'avoir négligé la défense des places frontières, tenta de se justifier en punissant ceux que l'on soupçonnait d'avoir prêté la main à l'ennemi.

Dans son ardeur à poursuivre le châtiment des traîtres qui avaient entretenu des intelligences avec les Espagnols, Richelieu ne pouvait manquer de frapper les habitants de Corbie.

Aussitôt que cette ville fut reprise, de justes représailles ne tardèrent point à atteindre les mauvais patriotes. En effet, on lit dans une déclaration du roi écrite à Chantilly le 14 novembre, et enregistrée au Parlement le 27 du même mois : « Tous les bourgeois et habitants de notre ville de Corbie, de quelque qualité et condition qu'ils soient, qui se trouveront avoir adhéré à nos ennemis et les avoir favorisés directement ou indirectement en la prise de ladite ville ou depuis en la résistance qu'ils ont faite à nos armes, » sont réputés « criminels de lèse-majesté au premier chef, et, comme tels, leurs biens à nous acquis et confisqués. »

Par la même déclaration, la ville de Corbie était « privée et déchue de tous privilèges, octrois, immunités, franchises de la mairie, etc. » Enfin le roi exigeait que le procès fût fait à ceux des religieux qui, « au lieu de donner exemple aux autres de leur devoir, comme leur profession et conscience les y obligeaient, se sont tellement oubliés, qu'ils ont été les premiers à nous désobéir, et n'ont voulu donner l'absolution aux soldats français s'ils ne leur promettaient de se rendre aux ennemis. »

En enregistrant la déclaration du roi, le Parlement avait émis le vœu que le procès serait instruit par les juges ordinaires. Mais Louis XIII passa outre à cette restriction, et chargea l'intendant de Picardie de poursuivre l'affaire.

Déjà, le 20 novembre, deux habitants de Corbie, qui se trouvaient le plus compromis, étaient pendus à Amiens. C'était le concierge des prisons de la ville et le commis au grenier à sel. Leurs biens, ainsi que ceux de quelques autres de leurs compatriotes qui avaient voulu assassiner Saint-Preuil quand il s'était opposé à la capitulation, furent donnés à ceux qui avaient fait preuve de plus grande fidélité au roi.

Enfin, des recherches furent prescrites à l'effet de découvrir d'autres traîtres, dont on confisqua les biens, pour le produit être employé aux fortifications de la ville. Ceux des échevins qui avaient conservé leur charge sous les Espagnols furent arrêtés et condamnés à de fortes amendes.

La première enquête que fit le Maistre de Bellejamme, intendant de Picardie, parut lui prouver la culpabilité des moines de Corbie.

A cette occasion, « le prieur de Saint-Denis proposait le renouvellement des religieux par des religieux du même ordre; l'intendant s'opposa à cette permutation et demanda le renvoi de la communauté en raison des relations journalières qu'elle entretenait avec l'évêque de Verdun, sous les yeux duquel se tramaient tous les complots contre le roi et le cardinal. Les religieux furent internés dans la maison des Minimes, et l'abbaye gardée par les prêtres séculiers choisis parmi les curés des villages pillés et brûlés qui n'avaient aucun moyen de subsistance. On prit des mesures pour mettre à l'abri le trésor inventorié par l'évêque de Chartres et la bibliothèque de l'abbaye. »

Parmi les moines de Corbie, il en était deux surtout que l'on accusait plus particulièrement de trahison : c'étaient le frère Laurent Fery, prieur, et le frère Colomban Delesdos, procureur.

Au mois de février 1637, le P. Grégoire Tarisse, supérieur général, procéda à leur interrogatoire dans le but de faire la lumière sur une accusation qui lui paraissait mal fondée. Le procès-verbal qu'il fit rédiger à cet effet fut communiqué à l'intendant de Picardie. Celui-ci n'hésita point à faire un complément d'enquête ; il interrogea plusieurs officiers français de la garnison de Corbie, qui déposèrent de la fidélité des religieux et de leur zèle à défendre la ville.

A la suite de cette nouvelle information, le Maistre de Bellejamme absout les religieux de Corbie par jugement en date du 30 octobre 1637, et, par ordonnance donnée à Saint-Germain au mois d'octobre de l'année suivante, Louis XIII reconnaissait que plusieurs personnes, sur la fidélité desquelles il croyait pouvoir compter, l'avaient trompé en accusant les religieux d'avoir abusé de l'administration des sacrements pour obliger les soldats français à abandonner leur devoir. En conséquence, les Bénédictins étaient réhabilités.

On a vu au chapitre II que Manicamp (Achille de Longueval) s'était jeté dans le fort du Bac, à Saint-Omer, et que, malgré la défense courageuse qu'il opposa aux assiégeants, il fut bientôt contraint de se rendre. Dans l'acte de capitulation, il demanda à être conduit avec ses soldats dans la ville la plus proche du royaume de France ; malheureusement, il omit de désigner la ville où il voulait se rendre et d'indiquer un délai ou simplement d'insérer la formule ordinaire « par le plus court chemin. » Les Espagnols lui donnèrent une escorte de six cents Croates ; ceux-ci firent passer les soldats français à travers les lignes ennemies. Les promesses, les menaces et les quolibets des Hispano-Impériaux pour débaucher ces soldats et les détourner de servir le roi de France ne furent d'aucun effet sur l'esprit de ces fidèles guerriers.

Manicamp croyait être conduit avec ses compagnons soit à Amiens, soit à Saint-Quentin, mais il n'en fut rien : les Croates ne firent point sortir leurs captifs des possessions espagnoles. Rudoyés et mal nourris, ces malheureux servaient comme de trophée à leurs ennemis ; lorsque l'un d'eux cherchait à s'échapper, il était impitoyablement mis à mort. Mais, en traversant les Ardennes, plus de cinq cents soldats français purent s'enfuir dans la forêt. Ils rentrèrent aussitôt en France et se rendirent à Abbeville, où se trouvait alors Richelieu ; celui-ci leur fit donner à chacun quatre quarts d'écu, puis il les envoya rejoindre les troupes de Châtillon et de la Force campées aux environs de Doullens ; ils y arrivèrent le 13 août. Quant à ceux de leurs compagnons qui n'avaient pu s'échapper, ils étaient enfin menés à Metz.

Cette longue pérégrination avait eu pour but, on le devine aisément, de rendre inutiles, pour le reste de la campagne, les deux mille cinq cents hommes de Manicamp. Le 18 août, cet officier arrivait à Picquigny, où se trouvait Richelieu ; il chercha à se justifier auprès du cardinal, mais voici ce que ce dernier écrivait le même jour à Chavigny : « Ce billet est pour donner avis au roi que Manicamp est arrivé ici, il y a une heure, et est entré dans la salle au sortir du dîner, lorsque j'y pensais le moins. Or, parce qu'il avait mandé, par plusieurs personnes, qu'il avait appris dans le pays de quoi se venger, après m'avoir conté l'infidélité dont on avait usé en violant sa capitulation, je lui ai demandé quelle découverte il avait faite ;

sur quoi, j'ai su de lui que tout son dessein aboutit à prendre Saint-Guillain, qu'il y a si longtemps que Vercourt propose. Il dit que celui qui le conduisait lui dit que si ce poste était pris le pays serait bien embarrassé. Il dit de plus qu'il y a été sous le prétexte d'acheter du vin pour ses compagnons, que c'est une petite ville entourée de murailles et située dans une île de marais et de rivière qui la rendent facile à fortifier. Manicamp m'a fait force protestations à son ordinaire, comme vous pouvez juger, mais j'ai autant de confiance en sa probité qu'y prend le roi, et, en effet, j'aurais déjà fait exécuter ce qu'elle a résolu si je ne pouvais de nouveau attendre sa volonté sans rien gâter. Il lui plaira donc me la mander, et je ne manquerai pas de la faire accomplir. Cependant Manicamp viendra, si je ne me suis trompé, avec moi à Amiens, où je lui ferai faire un procès-verbal de tout ce qui s'est passé en sa capitulation. »

Louis XIII s'empressa de transmettre à son ministre l'ordre de faire enfermer Manicamp dans la citadelle d'Amiens. Le 23 août, Richelieu rédigea le projet suivant de l'interrogatoire de cet officier :

« Savoir pourquoi, étant chargé de la garde des forts de Rheinaut, il ne s'y trouva pas pour les défendre? S'il n'a pas reconnu par écrit d'avoir les choses nécessaires pour la défense des forts? S'il dit qu'il s'en alla pour ce qu'il était malade, savoir quelle maladie il avait, quel médecin le traita, s'il demeura longtemps au lit à Strasbourg, et combien il y fut; et, aussitôt qu'il apprit la prise de ses forts, s'il ne se trouva pas sain pour se retirer à Colmar? S'il ne sait pas que la vie d'un gentilhomme, et particulièrement d'un homme de condition, consiste plus en l'honneur qu'en autre chose, et partant qu'il lui valait mieux mourir avec ses compagnons que vivre ailleurs? S'il ne sait pas que tous ceux qui étaient dans les forts les abandonnèrent parce qu'ils étaient abandonnés de lui? S'il veut s'en rapporter à ce que diront ceux qui étaient dans les forts? S'il ne sait pas que Jean de Werth n'avait aucun dessein d'attaquer lesdits forts, mais seulement de lui faire une bravade avant que d'aller prendre son quartier d'hiver? »

Le 25 août, Richelieu disait dans une lettre à Chavigny : « Aussitôt que Manicamp a été dans la citadelle d'Amiens, il a répandu beaucoup de larmes et a dit à messieurs de Cornillon qu'il méritait la mort, qu'il le savait bien. J'ai cru qu'il était à propos que le roi le sût, afin que si ses amis, vers lesquels il n'aura pas oublié d'envoyer, le pressent sur le sujet de Manicamp, pour le prier qu'au moins il soit assuré qu'il n'aura point de mal, Sa Majesté ait agréable de ne pas s'engager, afin de pouvoir voir le fond de ce qu'il veut dire. En vérité, son esprit est étrange. »

Le 8 septembre, le cardinal de Richelieu rédigeait un nouveau projet d'interrogatoire à faire à Manicamp :

« Il faut demander au sieur de Manicamp comment il s'est ingéré, étant en la disgrâce du roi comme il était, et n'ayant point charge dans l'armée de M. de Châtillon, de commander dans le fort du Bac ; et pourquoi, y ayant pris le commandement, de lui-même, il n'a pas fait une capitulation qui pût sauver les gens de guerre qui y étaient au nombre de deux mille, lesquels il semble qu'il ait voulu perdre de gaieté de cœur, ne mettant pas des conditions dans son traité qui assurassent leur vie, en ce que, les traînant par divers pays comme on a fait, on ne leur donnait pas de pain.

» Cet interrogatoire contient deux chefs :

» L'un pourquoi il s'est ingéré de commander sans pouvoir ?

» L'autre, pourquoi il a fait la capitulation autrement qu'il ne devait?

» S'il dit au premier qu'il avait ordre de M. de Châtillon d'en user ainsi, on lui demandera s'il ne veut pas s'en rapporter à ce qu'en dira ledit maréchal; et, après, on aura sa lettre pour le convaincre.

» Si, au second, il dit que Piccolomini et le baron de Snitz lui avaient promis de le remettre, avec tous ses gens, dans deux fois vingt-quatre heures en France, on lui produira les lettres qu'ils lui écrivent.

» Il faut lui représenter ensuite qu'il semble qu'il a toujours eu dessein d'être contraire à l'État, ce qui se remarque par diverses actions qu'il a faites :

» L'une, quand il donna un soufflet en présence de M. de Chaulnes, gouverneur de la province; ce qu'il ne pouvait ignorer qui ne blessât l'autorité du roi;

» L'autre, quand il battit ou fit battre un lieutenant, et ce, avec des circonstances qui aggravent tellement son crime, qu'il semble qu'il n'avait pas seulement intention d'offenser ledit lieutenant, mais le roi même, vu que s'il n'en eût voulu qu'audit lieutenant, il le pouvait trouver en d'autres lieux qu'en son siège, où il n'a pu le chercher de propos délibéré que pour montrer qu'il méprisait au dernier point l'autorité royale.

» Une autre fois encore, lorsque, pensant être exempt de la peine qu'il méritait pour cette violence, par l'intervention de quelques-uns de ses amis qui empêchèrent le procureur du roi de poursuivre l'action qu'il était prêt à intenter contre lui, il battit de nouveau les archers du sel et celui qui les commandait, parce qu'ils faisaient leur charge; voulant par ce moyen s'établir une autorité au-dessus et au mépris de celle du roi, dont il outrageait les officiers. »

Tant que vécut Richelieu, Manicamp demeura en prison; il ne fut rendu à la liberté que le 8 décembre 1642.

Le cardinal de Richelieu se montra toujours impitoyable

envers les « capitulards. » Dans un mémoire rédigé par lui au mois de juillet 1636, il disait entre autres choses : « Si un simple soldat commet quelque faute signalée en ce qui est du fait d'un soldat, il mérite un châtiment exemplaire ; si un capitaine manque à son devoir, le châtiment en doit être encore plus grand, et ainsi des autres. Que sera-ce donc de celui à qui le roi a confié une place d'importance s'il vient à la rendre lâchement ? »

Après le châtiment infligé aux gouverneurs de la Capelle, du Catelet et de Corbie, on ne voit plus qu'une capitulation honteuse, c'est celle de Lens ; voici dans quelles conditions elle eut lieu.

L'armée espagnole, conduite par Francisco de Mello, fut sur pied de très bonne heure pour la campagne de 1642, car elle se mettait en mouvement dès le 2 avril ; elle allait, à son tour, prendre l'offensive.

Ayant reconnu l'impossibilité de mener à bien l'entreprise qu'elle voulait tenter sur Arras, l'armée ennemie se porta ensuite sur Lens, et arriva devant cette place le 16 avril, jour du jeudi saint.

Danisi, gouverneur de Lens, avait une garnison forte de neuf cents hommes. A l'approche des Espagnols, il fit une sortie contre leur avant-garde. Une lutte acharnée s'engagea sous les murs de la ville, mais la supériorité numérique des ennemis força Danisi à battre en retraite dans la place. Les Espagnols le poursuivaient de fort près et se trouvaient même pêle-mêle avec ses soldats ; profitant de ce désordre, ils entrèrent en assez grand nombre dans la ville. Quand Danisi s'en fut aperçu, il fit lever le pont et baisser la herse ; mais des soldats espagnols étaient entrés, tandis qu'un certain nombre de soldats de la garnison restèrent dehors.

Don Francisco de Mello fit prévenir Danisi que, s'il attendait l'assaut, la ville serait mise à sac. Le gouverneur, très brave de sa personne, mais inexpérimenté, demanda à capituler. Il sortit le lendemain 17 avril, et obtint d'être conduit à Arras avec sa garnison sous bonne escorte. Pendant le trajet, il parvint à s'enfuir, et se réfugia en pays ennemi pour échapper au châtiment qu'il savait lui être réservé.

Le 1er mai, Richelieu, écrivant à Sublet des Noyers, lui disait : « Il est du tout nécessaire qu'il plaise au roi de recommander et commander à MM. le comte d'Harcourt et au maréchal de Guiche de faire faire une exemplaire justice de ceux qui se trouveront coupables de la lâche reddition de Lens. Le cœur, la probité et le savoir-faire des gouverneurs contribuent beaucoup au bonheur ou au malheur des royaumes, principalement durant la guerre. »

Quelques jours plus tard, un conseil de guerre, convoqué à la Fère par le comte d'Harcourt, condamna Danisi à être décapité en effigie. Cet arrêt reçut son exécution à Péronne.

Pour terminer ce chapitre, nous dirons deux mots du complot tramé contre Richelieu par le duc d'Orléans et par le comte de Soissons. Celui-ci était haï du cardinal parce qu'il avait refusé d'épouser la nièce du prélat, mariée depuis au duc d'Aiguillon. En outre, Richelieu ne voyait pas sans jalousie l'affection que toute l'armée portait au comte de Soissons. C'était dans le but de battre en brèche le crédit que ce prince avait sur ses officiers et ses soldats que le cardinal fit nommer Gaston d'Orléans généralissime, pour que Soissons ne pût recueillir l'honneur d'avoir chassé les ennemis.

Outre ces griefs, il y avait aussi de ces mille petits froissements de cour que nous n'avons point à rapporter. Mais, d'un autre côté, l'élévation de Richelieu était le principal motif des haines amassées contre lui.

La conduite du comte de Soissons en Picardie avait toujours été très correcte. Il fit tous ses efforts pour résister avec sa petite armée contre les forces supérieures en nombre des Espagnols, et cependant Richelieu ne cessa de le desservir auprès du roi en l'accusant d'être l'auteur des désastres qui s'étaient produits en Picardie.

De son côté, le duc d'Orléans avait de nombreux griefs contre le cardinal. Aussi les deux princes ne devaient point tarder à s'unir dans une haine commune pour se défaire, par un crime, de leur ennemi, ou, tout au moins, de le faire tomber en disgrâce. Le premier moyen fut adopté.

Les deux conjurés avaient à leur service deux gentilshommes sur le dévouement desquels ils pouvaient compter, Montrésor, favori du duc d'Orléans, et Saint-Ibald, favori du comte de Soissons. Il fut alors arrêté entre eux que l'assassinat du cardinal aurait lieu à Amiens, lorsque le roi s'y rendrait pour présider le conseil.

Le jour fixé pour l'exécution de ce projet, Gaston d'Orléans et le comte de Soissons arrivèrent à Amiens, ayant à leur suite plus de cinq cents gentilshommes et presque tous les officiers de l'armée; voici le plan qui devait être adopté. Aussitôt que le roi aurait levé la séance et serait monté dans son carrosse pour retourner à son quartier à Démuin, les conjurés frapperaient le cardinal. Le crime accompli, ils devaient dire que Richelieu ayant manqué de respect à Gaston d'Orléans, celui-ci l'avait fait tuer, et que le comte de Soissons n'avait pas cru devoir empêcher ce meurtre.

Tout se passa ainsi que l'avaient prévu les conjurés. Déjà le roi était parti; Richelieu se trouvait dans la cour de l'hôtel entre les deux princes. « Aussitôt, Varicarville, qui savait le secret, dit Montglat, se mit derrière le cardinal en attendant le signal que devait donner Monsieur, tandis que Saint-Ibald et

Bardouville le prenaient, l'un à droite et l'autre à gauche : mais, au lieu de faire le commandement d'achever ce qui était projeté, la peur prit à Monsieur, qui remonta le degré sans rien dire ; et Montrésor, surpris de ce changement, le suivit, lui disant que son ennemi était en son pouvoir et qu'il n'avait qu'à parler. Mais il se trouva si étonné, et tellement hors de lui-même, qu'à peine lui put-il répondre ; et sur ce qu'il fut encore pressé, il dit qu'il fallait remettre à une autre fois, et n'eut jamais la force d'achever ce qu'il avait prémédité, tant il était éperdu. Le cardinal, qui n'était demeuré dans la cour qu'à cause de Monsieur, le voyant monté en haut, s'en alla chez lui, et laissa le comte de Soissons dans la dernière confusion de voir ce coup manqué. »

Ce complot, a-t-on dit, n'échoua que par le scrupule du duc d'Orléans, qui eut horreur de faire tuer un prêtre. Cette particularité lui était connue d'avance ; il faut plutôt en attribuer la cause à son irrésolution.

Toutefois, l'exécution de ce complot ne fut qu'ajournée. Les conjurés projetèrent de se défaire du cardinal lorsqu'il se rendrait au camp. Trois jours plus tard, Richelieu arrivait dans la tente de Fontenay-Mareuil, et, comme le roi ne s'y trouvait point, le premier ministre était accompagné de ses gardes, « et il avait tant de créatures dans l'armée qui n'avaient eu d'emploi que par son moyen, que l'exécution fut jugée impossible. »

Fontenay-Mareuil, qui eut connaissance du complot d'Amiens, rapporte aussi que les conjurés avaient eu l'intention de faire tuer le cardinal lorsqu'il alla dîner dans la tente de cet officier ; mais le meurtre ne put être commis, parce que Richelieu avait « eu, tant qu'il y demeura, tous ses gentilshommes autour de lui, et beaucoup d'officiers du quartier de M. de Fontenay, qui ne l'eussent pas souffert. »

Le cardinal, si l'on en croit Montglat, aurait été informé peu de temps après du plus grand péril qu'il eût couru de toute sa vie ; mais il n'en parut point ému, et il parla même « fort hautement et comme par réprimande au comte de Soissons, pour lui faire voir qu'il ne le craignait point. »

IX

L'année de Corbie. — Misères des villes et des campagnes.

(1636.)

Comme à chaque invasion de la France, ce furent les provinces du nord qui eurent seules à souffrir de l'entrée des Espagnols et des Impériaux dans le royaume en 1635 et 1636.

Cette guerre de dévastation rappelle par ses horribles excès l'envahissement du flot destructeur des peuples barbares dans l'empire romain du IVe au VIIe siècle.

La guerre franco-allemande est encore trop près de nous pour que l'on ait pu oublier les procédés employés par les vainqueurs dans le but de produire la ruine de notre pays. Trois moyens étaient largement pratiqués : pillages, dévastations, incendies. Mais, quoi qu'il doive nous en coûter pour l'avouer, les Germains de 1870 étaient bien dégénérés. Leurs ancêtres de 1636 s'entendaient mieux qu'eux à ruiner un pays ennemi.

A la suite de cette terrible invasion, la famine ne pouvait manquer de se produire ; elle fut suivie d'un troisième fléau, la peste noire. Suivant le P. Daire, cette épidémie se serait d'abord déclarée à la campagne, où le peuple, n'ayant pas de pain, mangeait des fruits à peine mûrs. Mais ce fléau fit surtout des ravages effrayants dans les villes. A Amiens, dit Pagès, « outre une grande quantité de maisons de particuliers qui en furent attaquées, plusieurs communautés régulières en sentirent les funestes atteintes. » La peste se déclarait le 14 août 1636 dans le couvent des Augustins, le 3 septembre dans celui des Capucins, le 22 dans celui des Minimes et dans celui des Clarisses, le 9 octobre dans celui des Jésuites. Les Célestins, les Carmélites et les Pères de l'Oratoire n'en furent point exempts. La moyenne des victimes était à Amiens de cinquante par jour; dans une semaine du mois de décembre 1636, il y eut même quatorze cents décès. Pour faire cesser les ravages occasionnés par ce fléau, « l'échevinage fit vœu d'offrir à Notre-Dame de Liesse une image de la Vierge en argent, qui, par suite du péril des chemins, ne fut transmise à sa destination que vers l'année 1659. Mais l'intendant, esprit positif, obtint très difficilement de l'échevinage des mesures d'hygiène et de salubrité pour assainir les quartiers infectés; il dut rendre lui-même une ordonnance à ce sujet. »

Le 29 octobre 1636, Richelieu écrivait d'Amiens à Chavigny : « La peste n'est ici et ailleurs qu'à cause du peu de soin qu'on a de jeter les ordures au loin. Les moindres sont importunes, et, quand on en laisse trop amasser, il est difficile après de s'en débarrasser sans que l'air se corrompe en les remuant. »

Aussitôt après la déclaration de guerre (20 juin 1635), bon nombre de paysans des frontières d'Artois se réfugièrent à Abbeville, en même temps que tous les religieux et les religieuses dont les monastères étaient à la campagne. Ce n'étaient dans les rues que charrettes et chevaux chargés de bagages; il en était ainsi du reste dans toutes les villes fortifiées de la

Picardie. La peste ne tarda point à se déclarer au milieu de cet amoncellement ; près de six mille personnes furent enlevées à Abbeville dans un espace de dix-sept mois. La plupart des habitants quittaient la ville pour aller s'abriter sous des tentes établies en dehors des fortifications, près de la porte du Bois, ou bien encore au milieu des champs.

On lisait dans un manuscrit servant de cérémonial aux Chartreux d'Abbeville : « Aujourd'hui 2 août 1636, moi dom Jean-François Descaules, sacristain, assisté de dom François, sous-sacristain, ai exposé le chef de saint Honoré sur le maître-autel de notre chœur pendant matines, et, aussitôt après, l'ai porté en la chapelle des Templiers pour être révéré des fidèles et femmes dévotes, afin d'implorer le Ciel pour faire cesser son fléau de peste, ayant perdu en mon particulier mon grand-père, ma grand'mère, mon père, ma mère, trois frères et deux sœurs depuis le 22 juillet de cette présente année. »

A Montdidier, le fléau ne causa pas moins de ravages ; il produisit un effroi plus grand que celui qu'avait occasionné l'arrivée des ennemis auprès de la ville. En effet, de nombreux habitants s'enfuirent, qui étaient restés pour défendre courageusement leur cité contre les hordes de Jean de Werth. L'échevinage eut recours à des mesures répressives pour faire rentrer ceux qui s'étaient enfuis, aussi bien que pour prévenir de nouvelles désertions ; une amende de cent livres frappait les habitants qui abandonneraient la ville.

La peste apparut à Montdidier avec les Espagnols ; elle sévit surtout pendant les mois de septembre, d'octobre et de novembre. Lorsque les médecins constataient les symptômes de cette épidémie sur les habitants, ils en avertissaient les officiers municipaux qui faisaient aussitôt transporter les malades dans un local situé en dehors de la ville ; de nombreuses mesures sanitaires, prises par la municipalité, avaient tout simplement pour résultat, selon M. de Beauvillé, de développer la contagion.

Les clefs de la ville étaient déposées chaque soir entre les mains du gouverneur et du plus ancien maïeur; or celui-ci, s'étant enfui, l'échevinage, par délibération du 18 octobre, confia le dépôt des clefs au lieutenant du roi et au dernier maïeur en charge. Quand l'ancien maïeur rentra, il n'eut point honte de demander à ce qu'elles lui fussent remises comme par le passé ; sa demande, loin d'être prise en considération, fut rejetée avec indignation, ainsi qu'elle le méritait.

Si Péronne évita d'être assiégée, elle ne fut point exempte des ravages qu'y occasionna la peste. Ce fléau « attaqua surtout le faubourg Saint-Pierre de Sobotécluse; et c'est dans cette circonstance que s'éteignit la famille de Marie Fourré, et, avec elle, le privilège dont avait été récompensé son courage. »

A Doullens, la contagion fit de nombreuses victimes. On lit dans le *Mémorial* d'un bourgeois de cette ville que « la maladie contagieuse qui survint alors était telle que Nicolas Marchant, receveur de Doullens, fut obligé de remontrer au procureur du roi de l'élection de cette ville qu'à cause de la grande mortalité qui ruinait toutes les maisons, il courait risque de perdre ses meubles et ses papiers, n'étant assuré de sa vie, qui était en péril de jour en jour; pourquoi les officiers royaux, qui demeuraient en cette ville, étaient allés demeurer en lieu de sûreté pour éviter la mort; qu'il n'était resté audit Doullens que lui d'officier royal. »

A Roye, malgré les mesures sanitaires que prit l'échevinage, la peste y causa de grands ravages; pendant les mois d'octobre et de novembre, il y eut jusqu'à onze enterrements par jour dans la seule paroisse de Saint-Pierre. Cette épidémie, qui frappait surtout les enfants et les adultes, enleva cinq cent douze personnes tant dans la ville que dans les faubourgs ; le faubourg Saint-Georges compta cinquante victimes. Les Espagnols établirent des tentes de pestiférés au haut du faubourg Saint-Médard ; un certain nombre des leurs moururent de cette épidémie.

Si les habitants des villes furent cruellement éprouvés par ce terrible fléau, les habitants des campagnes n'en furent point à l'abri ; ils subirent, de plus que les premiers, les horreurs du pillage et de la dévastation avec toutes les conséquences d'une occupation ennemie. Le bourgeois Pagès, traduisant et complétant un passage de l'ouvrage d'Antoine Deville, dit en parlant des ennemis : « Ils firent, dans leurs courses, par le fer et par le feu, tout ce qu'ils purent s'imaginer de plus cruel, de plus inhumain et de plus barbare. Ils coururent comme des furieux dans la Picardie, ruinant tout ce qu'ils rencontraient, réduisant en cendres villages, hameaux, métairies, maisons, démolissant les édifices jusqu'aux fondations ; et, ne se contentant pas de tuer les hommes, ils croyaient n'avoir pas assouvi leur rage s'ils ne les eussent déchirés et mis en pièces par une infinité de coups et de nouveaux genres de tourments, sans avoir égard à l'âge, au sexe ni à aucune sorte de condition, violant les femmes et les filles, brisant les corps tendres des petits enfants dont ils battaient les murailles, arrachant les religieuses des cloîtres, les violant et les tuant et massacrant ensuite, ne pardonnant ni aux églises ni aux autres lieux sacrés qu'ils brûlaient, ruinaient et saccageaient, brûlant enfin tout ce qu'ils ne pouvaient pas détruire, parce qu'il n'y avait pas alors en Picardie de forces suffisantes pour leur résister. »

Il est resté de nombreux témoignages de l'épouvantable misère à laquelle ont été réduits les habitants de la Picardie. Les sources les plus fécondes à cet égard sont les anciennes archives du bailliage d'Amiens ; elles contiennent les procès-verbaux d'informations dressés à la requête des députés du clergé du diocèse, à celle de l'évêque d'Amiens, de l'abbé de Clairfay et d'autres personnes. Quelques-uns de ces procès-verbaux ont déjà été publiés par M. Bouthors dans son travail sur les cryptes de Picardie ; nous y ferons de larges emprunts, mais nous nous servirons aussi de divers documents inédits que nous avons entre les mains ou que nous avons compulsés dans différents dépôts.

Pendant que la division du comte de Frezin, cantonnée à Auxi-le-Château, livrait tout à feu et à sang dans les environs d'Abbeville, celle des comtes de Bucquoy et de Balançon, établie à Authie et à Hébuterne, commettait les mêmes désordres entre Doullens et Acheux aux mois d'août et de septembre 1635. Parmi les villages ainsi dévastés, citons : Vauchelles, Arquèvres, Authie, Bus, Marieux, la Vicogne, Thièvres, Louvencourt, Varennes, Harponville, Beauquesne, Courcelles-au-Bois, Lucheux, Bonneville, Gueschard, le Candas, Bernaville, Mirvaux, Outrebois, etc.; les fermes du Rosel, de Val-des-Maisons, de Valheureux, de Valvion, de Septenville, etc.

Le 10 septembre, les ennemis étaient signalés aux environs de Beauquesne. Aussitôt un certain nombre d'habitants de ce bourg prenaient la fuite pour se réfugier à Amiens. Le lendemain, les Croates arrivaient en effet à Beauquesne, où ils tuèrent les habitants, hommes, femmes, vieillards, enfants ; puis ils mirent le feu au bourg, et quatre-vingt-dix maisons, parmi les plus importantes, furent incendiées. Le curé s'enfuit à Amiens ; un certain nombre d'habitants d'entre les plus riches furent pris comme otages et emmenés en Artois avec leurs chevaux et leurs bestiaux. A Courcelles-au-Bois, où les ennemis s'étaient présentés à la fin du mois d'août, quelques habitants, notamment le curé, s'échappèrent pour se soustraire à leurs mauvais traitements, mais deux ou trois autres furent pris comme otages. A Bus, un laboureur se vit enlever cinq mille gerbes de blé, deux mille gerbes d'avoine et le reste de ses grains et de ses fourrages. L'église de ce village fut incendiée et la perte évaluée à quatre mille livres.

Quand ils n'étaient pas mis à mort, les paysans étaient maltraités avec la dernière brutalité, les femmes et les filles violées, les maisons dévalisées et les granges vidées puis incendiées, les chevaux et les bestiaux enlevés; sans asile et réduits à la dernière extrémité, ils se réfugiaient dans les villes lorsqu'ils pouvaient y arriver, car la plupart périssaient en chemin quand les ennemis les rencontraient. Les otages étaient soumis aux plus cruels traitements, et n'obtenaient leur mise en liberté qu'après avoir payé de fortes rançons; un laboureur de Maison-Roland était taxé à neuf cents livres; les curés et les ecclésiastiques n'étaient pas plus épargnés que les autres.

De Moreuil, on voyait presque chaque jour des incendies allumés dans les villages situés sur le plateau dominant la rive droite de la Luce, petite rivière prenant autrefois sa source à Caix et se jetant dans l'Avre, près de Thésy.

Presque tous les villages situés entre la rive droite de la Somme et la frontière de l'Artois avaient été brûlés et abandonnés au début de l'invasion. Cette plaine fertile, offrant au mois de juillet 1635 la plus belle apparence de moisson, ne présentait plus, deux mois après, qu'un champ de dévastation et de carnage; ce n'étaient que ruines fumantes et débris de toutes sortes. La plus grande partie des récoltes était restée sur le sol, où elle avait été piétinée par la nombreuse cavalerie de Jean de Werth.

Les laboureurs de Maison-Roland, croyant se soustraire aux mauvais traitements et à la violence des Croates, creusèrent à grands frais des carrières sous leur village. Mais le remède était pire que le mal; ces malheureux y périrent en grand nombre, ainsi que les chevaux qu'ils y avaient fait entrer; le manque de vivres et le défaut d'air causèrent la mort du plus grand nombre des gens et des animaux.

Quelques laboureurs de Beauquesne, n'ayant point voulu quitter leur village, essayèrent de labourer leurs champs et de les ensemencer à l'automne; mais ils furent surpris par les ennemis, qui les enlevèrent comme otages ou les tuèrent après s'être emparés de leurs chevaux. Des fermes importantes, situées dans les environs de ce village, où on labourait à douze charrues, avaient été ruinées, puis abandonnées.

Le curé de Gapennes, Charles Cacheleu, était tué au bout des haies de son village, au mois de janvier 1636; celui du Mesnil, près de Maison-Roland, fut enlevé par les Croates qui le taxèrent à une forte rançon; comme il ne pouvait la payer, ils le maltraitèrent tellement, malgré ses soixante-dix-sept ans, qu'il mourut peu de jours après.

L'incendie de Noyelles-en-Chaussée, d'Yvrench, de Gueschard, de Berneuil et autres villages aux alentours de Maison-Roland, causa un tel effroi aux habitants des environs de Saint-Riquier, que plusieurs en moururent, et les autres se réfugièrent dans les bois, notamment le fermier de la Motte, qui se retira dans la forêt de Crécy. Quelques habitants des frontières de l'Artois allèrent se réfugier jusqu'à Gollencourt et à Dommartin.

Exposés pendant un an à ces horribles dévastations, les villages situés au nord de la Somme n'offraient plus, au mois d'août 1636, que l'image d'un véritable désert. Les ennemis souffrirent bientôt de la solitude qu'ils avaient créée auprès d'eux; les vivres leur manquaient en Artois, leurs fourrageurs ne trouvaient plus rien à butiner. Ils ne pouvaient se tirer de ce mauvais pas qu'en étendant le champ de leurs courses et de leurs dévastations ; c'est ce qu'ils firent.

L'année 1635 avait vu la destruction d'une grande partie des villages du Ponthieu dont plusieurs ne furent jamais relevés, l'année 1636 allait voir les ennemis ravager le Santerre et l'Amiénois avec d'épouvantables raffinements de cruauté ; c'est l'année aux douloureuses épreuves que les contemporains affolés ont appelée *l'année de Corbie;* ce seul mot, ratifié par l'histoire, résumait dans l'esprit des rares survivants le plus pénible et le plus cruel souvenir.

Après qu'ils eurent traversé la Somme à Cerisy, les Hispano-Impériaux se répandirent comme un flot dévastateur dans la riche plaine du Santerre, portant avec eux le fer et la flamme. Ils s'avancèrent jusqu'aux portes de Beauvais ; tout le pays situé entre Aumale, Poix, Conty, Clermont, Noyon, Saint-Quentin, Ham et Péronne vit passer cet ouragan humain, qui ne laissait derrière lui, comme les hordes d'Attila, que ruines ensanglantées. S'il était possible aujourd'hui de reconstituer la liste des villages incendiés pendant cette année funeste, l'on serait effrayé du résultat. Bornons-nous à citer ceux d'entre eux qui ont eu le plus à souffrir et dont il n'a point été parlé plus haut. Marcelcave, la Motte-en-Santerre, Wiencourt et l'Équipée, Cayeux-en-Santerre, Caix, Ignaucourt, Aubercourt, Démuin, Mézières-en-Santerre, etc., furent brûlés en partie; Happeglenne et Saint-Marc-en-Chaussée furent entièrement détruits et n'ont jamais été relevés depuis ; il n'y a plus qu'une maison aujourd'hui dans le premier de ces deux villages, et l'unique habitation de Saint-Marc aura bientôt disparu sans qu'il en reste aucune trace. Le bourg de Moreuil et son église abbatiale, qui servait en même temps d'église paroissiale[1], devinrent la proie des flammes, ainsi que les villages environnant ce bourg. Le procureur d'office de

Moreuil fut tué au moment où il capitulait. Les ennemis livrèrent également à l'incendie la Faloise, Sourdon et autres pays des alentours.

Quoique au service de Sa Majesté très catholique, les soldats espagnols ne respectaient pas plus les églises qu'ils n'avaient d'égards pour les ecclésiastiques; ils enlevaient les ornements sacerdotaux, les cloches, les calices, les ciboires et autres objets du culte ayant quelque prix; quant aux objets d'église de moindre valeur, ils étaient brisés. « Les églises, dit Deville, ne sont pas à l'abri de leurs fureurs : ils pillent les autels, ils portent leurs mains teintes de sang sur les vases sacrés, emportent les ornements, ouvrent les châsses, jettent les saintes reliques ; ils égorgent sur l'autel les ministres occupés au sacrifice; enfin leur barbarie n'épargne ni le sacré ni le profane. »

Ce passage se rapporte bien à la déposition faite à l'enquête par un bourgeois d'Amiens : « Les gens de guerre avaient commis tant de crimes et sacrilèges, tué, pillé, violé, brûlé et exercé tant de cruautés, qu'ils n'avaient pas même épargné les églises, emportant les cloches, ornements, vaisseaux sacrés, saint ciboire et les fonts baptismaux, de sorte que, tant les ecclésiastiques que personnes laïques ayant été forcés de quitter et abandonner les champs pour n'y trouver plus de couvert, la plupart sont morts de douleur de se voir réduits dans l'extrême nécessité, ayant perdu chevaux, charrues, biens et maisons, et voyant toutes leurs terres en friche, leurs bois dégradés. »

Les ennemis tuèrent quatorze habitants à Mailly-Raineval, et, dans quatre villages de la châtellenie de ce lieu, il mourut « jusqu'à six cents personnes de misère et pour avoir été contraintes d'habiter les bois. »

Après le passage de la Somme par les ennemis, l'armée

française battit en retraite sur Noyon, puis sur Compiègne; les Espagnols voulurent essayer d'inquiéter cette retraite et suivirent les troupes du comte de Soissons jusqu'aux faubourgs de Noyon. Une épouvante générale précédait toujours l'arrivée des ennemis dans les villages qu'ils devaient traverser pour suivre les troupes françaises, car ils mettaient « à feu et à sang tout ce qui s'est rencontré et opposé à eux. » Les plus riches laboureurs n'attendaient point leur présence pour s'enfuir avec leurs femmes, leurs enfants, leurs chevaux, leurs bestiaux et leurs meubles; ils se retiraient avec le gros de l'armée française, et un témoin oculaire évalue à plus de six mille le nombre des paysans qui suivirent les soldats du comte de Soissons. Ils s'arrêtèrent dans les environs de Verberie et de Crespy-en-Valois; ils se croyaient en sûreté, mais leur espoir devait être, hélas! de courte durée. L'armée française, manquant de vivres, s'empara des bestiaux appartenant à ceux qui s'étaient mis sous leur protection, et la cavalerie prit leurs meilleurs chevaux, « en sorte que lesdits paysans auraient été privés de ce qu'ils espéraient ménager et sauver de la rigueur des ennemis. »

Ceux des paysans picards qui n'avaient point suivi l'armée française lors de sa retraite sur Noyon n'en avaient pas moins quitté leur pays pour se réfugier dans d'autres provinces, soit en Normandie, soit dans l'Ile-de-France, soit ailleurs; d'autres cherchèrent un abri en s'enfermant dans Amiens; le nombre en était si considérable dans cette ville que les maisons des bourgeois se trouvaient insuffisantes pour leur donner l'hospitalité de nuit. Les cours, les jardins, les principales rues, les portails des églises, les cloîtres des cimetières et ceux des monastères, « étaient, de l'aveu d'un témoin oculaire, tout remplis de personnes couchant sur le pavé, sans autre couverture que le ciel, réduits à tant de misère et de pauvreté que l'on vit plusieurs fois transporter les corps morts qui se trouvaient étendus. » On apprend encore, d'après le même témoin, que chaque jour la Somme charriait des cadavres n'ayant eu d'autre sépulture que le lit de la rivière, parce que les rares habitants qui se trouvaient dans les bois ne pouvaient enterrer ceux qui mouraient et dont ils ne voulaient point être incommodés.

Pagès rapporte avoir lu dans un manuscrit que, pendant le séjour de Richelieu à Amiens, on fit « accommoder la maladrerie de la Madeleine pour y retirer une partie des pauvres qui, tous les jours, mouraient de nécessité et de misère dans les rues de cette ville, où la peste continuait de faire d'étranges ravages. »

La campagne offrait l'image de la plus grande désolation. Les paysans n'osaient quitter leur retraite pour retourner dans leurs villages; ils n'ignoraient pas le sort qui les y attendait : une mort inévitable, car les ennemis battaient constamment le pays. Au surplus, à quoi bon retourner chez eux? Leurs maisons avaient été rasées, leurs villages n'existaient plus; quelques rares cheminées, restées debout, servaient de poteaux indicateurs; là, pouvait-on se dire, s'élevait hier un village.

Il était toujours très dangereux de s'aventurer dans la campagne; les ennemis mettaient « à sang toutes les personnes qu'ils rencontraient. » Des paysans, s'étant réfugiés à Amiens, voulurent retourner dans leurs villages pour en savoir des nouvelles; mais ils ne purent arriver jusque chez eux : ils furent impitoyablement mis à mort par des bandes de soldats ennemis rôdant jusqu'à une demi-lieue d'Amiens. Les cadavres de ces malheureux restèrent sur terre trois à quatre jours, pour le péril qu'il y avait d'aller leur donner la sépulture. »

Lorsqu'il y eut possibilité de sortir des villes, on put constater avec horreur que d'Amiens à Ham, à Beauvais, à Saint-Quentin, c'est-à-dire dans toute la Haute-Picardie, la terre était jonchée de cadavres, d'ossements humains et de carcasses d'animaux. Les chiens s'étaient réfugiés dans les bois, et la faim, comme la solitude, « les avait rendus féroces à tel point qu'ils se jetaient sur les passants qui n'avaient pas d'armes pour se défendre. »

Au mois de février et même au mois d'avril 1637, la terre n'avait pas encore pu être labourée sur un rayon de plus de vingt lieues; les grains de l'année précédente étaient restés attachés au sol ou sciés en javelles; ils avaient germé, puis pourri au milieu des champs.

Les paysans qui avaient survécu à tant de désastres étaient accourus dans leurs villages aussitôt que les ennemis s'éloignèrent de ce champ de carnage. Mais sans ressources d'aucune sorte, sans habitations, sans chevaux, sans bestiaux, sans instruments de culture, sans grains pour la semence, que pouvaient-ils faire? Mourir.... Aussi les décès prirent des proportions effrayantes.

D'après une déposition en date du 12 juillet 1638, faite par le fermier de Renoval, on apprend qu'il n'avait pu labourer ses terres depuis l'invasion de la Picardie; il déclare en outre « que ceux du village de Bertangles, voisins de la ferme de Renoval, ni le fermier des terres du domaine de Bertangles, n'ont labouré ni dépouillé aucune chose depuis deux ans; de même que le fermier du fief de Monchy, appartenant à monseigneur le duc de Chaulnes, n'a labouré les terres dudit fief en l'année 1636, mais qu'il a seulement commencé à labourer quelque petit nombre de terres pour ensemencer au mois d'août prochain, et, pour l'y obliger, on lui aurait promis du blé pour semer et de l'avoine pour ses chevaux. »

Un docteur en médecine d'Amiens, ayant été appelé à Moreuil, à Mézières, à Saint-Marc-en-Chaussée et dans quelques autres localités du Santerre pour donner ses soins à plusieurs gentilshommes malades, constatait qu'il ne restait que « fort peu de gens » dans quelques villages, « et voire en aucuns villages pas du tout, ce qui a duré assez longtemps. »

Les curés avaient quitté leurs églises, et, au mois d'avril 1637, ils n'osaient point encore retourner dans leurs paroisses. La frayeur était encore plus grande pour ceux qui avaient habité la rive droite de la Somme. Le curé de Marcelcave disait, dans sa déposition du mois d'août 1637, que « la plupart des laboureurs et habitants sont morts de pauvreté et de maladie, et qu'il en est resté à peine un quart » dans sa paroisse.

L'une des parties de la Picardie qui paraît avoir horriblement souffert de cette invasion est le Santerre; mais, il faut bien l'avouer, les soldats français achevèrent très souvent de détruire ce que les ennemis avaient épargné, de même qu'ils s'emparèrent de ce que ceux-ci avaient laissé. Il est aisé de comprendre que, surtout lors du siège de Corbie, les soldats de l'armée de Louis XIII, se trouvant au milieu d'un pays presque entièrement ruiné, prenaient de force ce que les paysans ne voulaient point leur accorder de bonne volonté; en outre, les nombreux échecs qu'ils avaient essuyés, les privations de toute sorte qu'ils subissaient, ne contribuaient pas peu à augmenter leur mauvaise humeur.

Pagès rapporte que, pendant le siège de Corbie, des soldats suédois au service de la France, ayant leurs quartiers aux environs de cette ville, « tuaient, violaient, pillaient, brûlaient, sans épargner les lieux saints, les églises et les ecclésiastiques. Ils achevèrent de ruiner le village de Vignacourt. Les curés de Berteaucourt et de Saint-Vast furent dépouillés par ces troupes dans le temps qu'ils officiaient et qu'ils enterraient les morts. Le curé du village de Saint-Sauveur vit piller son église, forcer sa maison et enlever le manteau qu'il avait sur ses épaules, s'étant sauvé lui-même avec peine. »

Les malheureux paysans redoutaient autant les soldats qui devaient les protéger que les plus forcenés des Croates ou des Espagnols.

Durant cette terrible invasion, il mourut tant de prêtres et d'ecclésiastiques « de douleur et de pauvreté, que le nombre en est infini; » aussi, la plupart des bénéfices se trouvant vacants, l'évêque d'Amiens permit à un seul prêtre « de desservir plusieurs cures pour y assister le peu de personnes y restant. » On fut aussi obligé « d'avoir recours aux religieux, qui se dispersèrent en plusieurs villages pour assister, consoler et administrer les sacrements à ceux qui étaient revenus chez eux. »

En retraçant le sombre tableau qu'on vient de lire, nous avons voulu apprendre aux générations présentes quelle était l'existence d'alarmes continuelles, de souffrances et de privations de nos ancêtres il y a près de deux siècles et demi, où le sol de notre province était couvert de sang et de ruines.

Plus qu'aucune autre nation de cette vieille Europe occidentale, notre pays eut souvent à subir l'invasion ennemie dans cette lutte séculaire entre Gaulois et Germains, Français et Allemands.

Bien des fois terrassée, la France ne tardait point à reprendre des forces nouvelles et faisait payer cher à l'ennemi ses premiers succès.

Moins de dix ans après *l'Année de Corbie*, les batailles de Fribourg et de Nordlingen apprenaient aux Impériaux que l'on ne s'attaque pas impunément à la France. Ces deux victoires ont appris en même temps aux générations françaises qui se sont succédé depuis cette époque qu'il ne faut jamais désespérer de la grande Nation.

APPENDICE

Lettre de Vincent Voiture.

A part quelques rares amateurs, il en est bien peu qui connaissent les *Lettres* de Voiture ; aussi croyons-nous devoir reproduire en entier, malgré son étendue, la lettre suivante, qui est un remarquable résumé de la campagne de 1636 ; nous l'avons prise dans l'édition de Martin de Pinchesne, publiée en 1719, et nous la reproduisons textuellement.

LETTRE LXXIV

*A Monsieur ***, après que la ville de Corbie eut été reprise sur les Espagnols par l'armée du roy.*

Monsieur,

Je vous avouë que j'aime à me venger, et qu'après avoir souffert durant deux mois que vous vous soyez mocqué de la bonne espérance que j'avois de nos affaires, vous en avoir oüi condamner la conduite par les évenemens, et vous avoir vu triompher des victoires de nos ennemis : je suis bien aise de vous mander que nous avons repris Corbie. Cette nouvelle vous étonnera, sans doute, aussi bien que toute l'Europe. Et vous trouverez étrange que ces gens, que vous tenez si sages, et qui ont particulièrement cet avantage sur nous, de bien garder ce qu'ils ont gagné, ayent laissé reprendre une place, sur laquelle on pouvoit juger que tomberoit tout l'effort de cette guerre, et qui, étant conservée, ou étant reprise, devoit donner pour cette année le prix et l'honneur des armes, à l'un ou à l'autre parti. Cependant nous en sommes les maîtres. Ceux que l'on avoit jettez dedans ont été bien-aises que le roy leur ait permis d'en sortir, et ont quitté avec joye ces bastions qu'ils avoient élevez, et sous lesquels il sembloit qu'ils se voulussent enterrer. Considérez donc, je vous prie, quelle a été la fin de cette expédition, qui a tant fait de bruit. Il y avoit trois ans que nos ennemis méditoient ce dessein, et qu'ils nous menaçoient de cet orage. L'Espagne et l'Allemagne avoient fait pour cela leurs derniers efforts. L'Empereur y avoit envoyé ses meilleurs chefs et sa meilleure cavalerie. L'armée de Flandre avoit donné toutes ses meilleures troupes. Il se forme de cela une armée de vingt-cinq mille chevaux, de quinze mille hommes de pied, et de quarante canons. Cette nuée, grosse de foudres et d'éclairs, vient fondre sur la Picardie, qu'elle trouve à découvert, toutes nos armes étant occupées ailleurs. Ils prennent d'abord la Capelle et le Castelet. Ils attaquent et prennent Corbie en neuf jours. Les voilà maîtres de la rivière. Ils la passent. Ils ravagent tout ce qui est entre la Somme et l'Oise. Et tant que personne ne leur résiste, ils tiennent courageusement la campagne, ils tuënt nos païsans et brûlent nos villages. Mais sur le premier bruit qui leur vient que Monsieur s'avance avec une armée et que le roy le suit de près, ils se retirent, ils se retranchent derrière Corbie, et quand ils apprennent que l'on ne s'arrête point et que l'on marche à eux à tête baissée : nos conquerans abandonnent leurs retranchemens. Ces peuples si braves et si belliqueux, et que vous dites qui sont nez pour commander à tous les autres, fuyent devant une armée qu'ils disoient être composée de nos cochers et de nos laquais. Et ces gens si déterminez, qui devoient percer la France jusqu'aux Pyrenées, qui menaçoient de piller Paris, et d'y venir reprendre jusques dans Notre-Dame les drapeaux de la bataille d'Avein, nous permettent de faire la circonvallation d'une place qui leur est si importante : nous donnent le loisir d'y faire les forts, et ensuite de cela nous la laissent attaquer et prendre par force à leur vuë. Voilà où se sont terminées les bravades de Picolomini, qui nous envoyoit dire par ses trompettes, tantôt qu'il souhaitoit que nous eussions de la poudre, tantôt qu'il nous vînt de la cavalerie, et quand nous avons eu l'un et l'autre, il s'est bien gardé de nous attendre. De sorte, Monsieur, que hors la Capelle et le Castelet, qui sont de nulle considération, tout le fruit qu'a produit cette grande et victorieuse armée, a été de prendre Corbie pour la rendre, et pour la remettre entre les mains du roy, avec une contrescarpe, trois bastions et trois demi-lunes qu'elle n'avoit point. S'ils avoient pris encore dix autres de nos places avec un pareil succès, notre frontière en seroit en meilleur état, et ils l'auroient mieux fortifiée que ceux qui jusqu'ici en ont eu la commission. Vous semble-t-il que la reprise d'Amiens ait été en rien plus importante, ou plus glorieuse, que celle-ci? Alors la puissance du royaume n'étoit point divertie ailleurs ; toutes nos forces furent jointes ensemble pour cet effet, et toute la France se trouva devant une place. Ici, au contraire, il nous a fallu reprendre celle-ci dans le fort d'une infinité d'autres affaires, qui nous pressoient de tous côtez, en un temps où il sembloit que cet État fût épuisé de toutes choses, et en une saison en laquelle, outre les hommes, nous avions encore le Ciel à combattre. Et au lieu que devant Amiens les Espagnols n'eurent une armée, que cinq mois après le siège, pour nous le faire lever : ils en avoient une de quarante mille hommes à Corbie, devant que celui-ci fût commencé. Je m'assure que si cet événement ne vous fait pas devenir bon Français : au moins il vous mettra en colère contre les Espagnols, et que vous aurez dépit de vous être affectionné à des gens qui ont si peu de vigueur, et qui se sçavent si mal servir de leur avantage. Cependant ceux qui, en haine de celui qui gouverne, haïssent leur propre païs, et qui, pour perdre un homme seul, voudroient que la France se perdît : se mocquoient de tous les préparatifs que nous faisions pour remédier à cette surprise. Quand les troupes que nous avions ici levées prirent la route de Picardie, ils disoient que c'étoient des victimes que l'on alloit immoler à nos ennemis : que cette armée se fondroit aux premières pluyes, et que ces soldats qui n'étoient point aguerris, fuiroient au premier aspect des troupes espagnoles. Puis, quand ces troupes dont on nous menaçoit se furent retirées, et que l'on prit dessein de bloquer Corbie, on condamna encore cette résolution. On disoit qu'il étoit infaillible que les Espagnols l'auroient pourvuë de toutes les choses nécessaires, ayant eu deux mois de loisir pour cela, et que nous consommerions devant cette place beaucoup de millions d'or et beaucoup de milliers d'hommes pour l'avoir peut-être dans trois ans. Mais quand on se résolut de l'attaquer par force, bien avant dans le mois de novembre, alors il n'y eut personne qui ne criât. Les mieux intentionnez avoüoient qu'il y avoit de l'aveuglement, et les autres disoient qu'on avoit peur que nos soldats ne mourussent pas assez tôt de misere et de faim, et que l'on les vouloit faire noyer dans leurs propres tranchées. Pour moi, quoique je sçusse les incommoditez qui suivent nécessairement les siéges qui se font en cette saison, j'arrêtai mon jugement. Je pensai que ceux qui avoient présidé à ce conseil, avoient vû les mêmes choses que je voyois, et qu'ils en voyoient encore d'autres que je ne voyois pas : qu'ils ne se seroient pas engagez légèrement au siége d'une place, sur laquelle toute la chrétienté avoit les yeux, et dès que je fus assuré qu'elle étoit attaquée, je ne doutai quasi plus qu'elle ne dût être prise. Car, pour en parler sainement, nous avons vû quelquefois monsieur le Cardinal se tromper dans les choses qu'il a fait faire par les autres. Mais nous ne l'avons jamais vû encore manquer dans les entreprises qu'il a voulu executer lui-même, et qu'il a soûtenuës de sa présence. Je crûs donc qu'il surmonteroit toutes sortes de difficultez : et que celui qui avoit pris la Rochelle, malgré l'Ocean, prendroit encore bien Corbie, en dépit des pluyes et de l'hyver. Mais puisqu'il vient à propos de parler de lui, et qu'il y a trois mois que je ne l'ai osé faire, permettez-le-moi à cette heure, et trouvez bon que dans l'abattement où vous met cette nouvelle, je prenne mon temps de dire ce que je pense.

Je ne suis pas de ceux qui, ayant dessein, comme vous dites, de convertir des éloges en brevets, font des miracles de toutes les actions de monsieur le Cardinal, portent ses loüanges au-delà de ce que peuvent et doivent aller celles des hommes, et à force de vouloir trop faire croire de bien de lui, n'en disent que des choses incroyables. Mais aussi n'ai-je pas cette basse malignité de haïr un homme à cause qu'il est au-dessus des autres, et je ne me laisse pas non plus emporter aux affections, ni aux haines publiques, que je sçai être quasi toujours fort injustes. Je le considère avec un jugement que la passion ne fait pencher ni d'un côté ni d'autre, et je le voi des mêmes yeux dont la posterité le verra. Mais lorsque, dans deux cens ans, ceux qui viendront après nous liront en notre histoire que le cardinal de Richelieu a démoli la Rochelle et abbattu l'héresie, et que par un seul traité, comme par un coup de rets, il a pris trente ou quarante de ses villes pour une fois; lorsqu'ils apprendront que, du temps de son ministere, les Anglois ont été battus et chassez, Pignerol conquis, Cazal secouru, toute la Lorraine jointe à cette couronne, la plus grande partie de l'Alsace mise sous notre pouvoir, les Espagnols défaits à Veillane et à Avein, et qu'ils verront que, tant qu'il a présidé à nos affaires, la France n'a pas un voisin sur lequel elle n'ait gagné des places ou des batailles : s'ils ont quelque goutte de sang françois dans les veines et quelque amour pour la gloire de leur païs, pourront-ils lire ces choses sans s'affectionner à lui, et à votre avis l'aimeront-ils, ou l'estimeront-ils moins, à cause que de son temps les rentes sur l'hôtel-de-ville se seront payées un peu plus tard, ou que l'on aura mis quelques nouveaux officiers dans la Chambre des comptes? Toutes les grandes choses coûtent beaucoup, les grands efforts abbattent, et les puissans remedes affoiblissent. Mais si l'on doit regarder les États comme immortels, y considerer les commoditez à venir comme presentes : contons combien cet homme, que l'on dit qui a ruiné la France, lui a épargné de millions, par la seule prise de la Rochelle, laquelle d'ici à deux mille ans, dans toutes les minoritez des rois, dans tous les mécontentemens des grands et dans toutes les occasions de revoltes, n'eût pas manqué de se rebeller, et nous eût obligez à une éternelle dépense. Ce royaume n'avoit que deux sortes d'ennemis qu'il dût craindre, les Huguenots et les Espagnols. Monsieur le Cardinal, entrant dans les affaires, se mit en l'esprit de ruiner tous les deux. Pouvoit-il former de plus glorieux ni de plus utiles desseins? Il est venu à bout de l'un, et il n'a pas achevé l'autre. Mais s'il eût manqué au premier, ceux qui crient à cette heure que ç'a été une résolution téméraire, hors de temps et au-dessus de nos forces que de vouloir attaquer et abbattre celles d'Espagne, et que l'experience l'a bien montré : n'auroient-ils pas condamné de même le dessein de perdre les Huguenots? n'auroient-ils pas dit qu'il ne falloit pas recommencer une entreprise où trois de nos rois avoient manqué, et à laquelle le feu roy n'avoit osé penser, et n'eussent-ils pas conclu, aussi faussement qu'ils font encore en cette autre affaire, que la chose n'étoit pas faisable, à cause qu'elle n'auroit pas été faite? Mais jugeons, je vous supplie, s'il a tenu à lui, ou à la fortune, qu'il ne soit venu à bout de ce dessein. Considérons quels chemins il a pris pour cela, quels ressorts il a fait joüer. Voyons s'il s'en est fallu beaucoup qu'il n'ait renversé ce grand arbre de la maison d'Autriche, et s'il n'a pas ébranlé jusques aux racines ce tronc, qui de deux branches couvre le septentrion et le couchant, et qui donne de l'ombrage au reste de la terre. Il fut chercher jusques sous le pole ce heros qui sembloit être destiné à y mettre le fer et à l'abbattre. Il fut l'esprit mêlé à ce foudre, qui a rempli l'Allemagne de feu et d'éclairs, et dont le bruit a été entendu par tout le monde. Mais quand cet orage fut dissipé et que la fortune en eut détourné le coup, s'arrêta-t-il pour cela? et ne mit-il pas encore une fois l'empire en plus grand hazard qu'il n'avoit été par les pertes de la bataille de Leipsic et celle de Lutzen? Son adresse et ses pratiques nous firent avoir tout d'un coup une armée de quarante mille hommes dans le cœur de l'Allemagne avec un chef qui avoit toutes les qualitez qu'il faut pour faire un changement dans un État. Que si le roy de Suede s'est jetté dans le péril, plus avant que ne devoit un homme de ses desseins et de sa condition, et si le duc de Fridlandt, pour trop differer son entreprise, l'a laissée découvrir : pouvoit-il charmer la balle qui a tué celui-là au milieu de sa victoire, ou rendre celui-ci impénétrable aux coups de pertuisane? Que si ensuite de tout cela, pour achever de perdre toutes choses, les chefs qui commandoient l'armée de nos alliez devant Norlinghen, donnerent la bataille à contre-temps : étoit-il au pouvoir de monsieur le Cardinal, étant à deux cens lieuës de là, de changer ce conseil, et d'arrêter la précipitation de ceux qui, pour un empire (car c'étoit le prix de cette victoire), ne voulurent pas attendre trois jours? Vous voyez donc que pour sauver la maison d'Autriche et pour détourner ses desseins, que l'on dit à cette heure avoir été si téméraires, il a fallu que la fortune ait fait depuis trois miracles ; c'est-à-dire, trois grands événemens, qui, vraisemblablement, ne devoient pas arriver : la mort du roy de Suede, celle du duc de Fridlandt, et la perte de la bataille de Norlinghen. Vous me direz qu'il ne se peut pas plaindre de la fortune pour l'avoir traversée en cela, puisqu'elle l'a servi si fidellement dans toutes les autres choses : que c'est elle qui lui a fait prendre des places, sans qu'il en eût jamais assiegé auparavant; qui lui a fait commander heureusement des armées, sans aucune experience ; qui l'a mené toujours comme par la main, et sauvé d'entre les précipices où il étoit jetté, et enfin, qui l'a fait souvent paroître hardi, sage et prévoyant. Voyons le donc de la mauvaise fortune, et examinons s'il y a eu moins de hardiesse, de sagesse et de prévoyance. Nos affaires n'alloient pas trop bien en Italie, et comme c'est le destin de la France de gagner des batailles et de perdre des armées, la nôtre étoit fort dépérie depuis la dernière victoire, qu'elle avoit emportée sur les Espagnols. Nous n'avions guère plus de bonheur devant Dole, où la longueur du siége nous en faisoit attendre une mauvaise issuë : quand on sçeut que les ennemis étoient entrez en Picardie; qu'ils avoient pris d'abord la Capelle, le Castelet et Corbie, et que ces trois places, qui les devoient arrêter plusieurs mois, les avoient à peine arrêtez huit jours. Tout est en feu sur la rivière d'Oise. Nous pouvons voir de nos fauxbourgs la fumée des villages qu'ils nous brûlent. Tout le monde prend l'allarme, et la capitale ville du royaume est en effroy. Sur cela, on a avis de Bourgogne que le siége de Dole étoit levé, et de Xaintonge qu'il y a quinze mille païsans révoltez qui tiennent la campagne, et que l'on craint que le Poitou et la Guyenne ne suivent cet exemple. Les mauvaises nouvelles viennent en foule ; le ciel est couvert de tous côtez : l'orage nous bat de toutes parts, et il ne nous luit pas, de quelque endroit que ce soit, un rayon de bonne fortune. Dans ces tenebres, monsieur le Cardinal a-t-il vû moins clair ? a-t-il perdu la tramontane ? Durant cette tempête, n'a-t-il pas toujours tenu le gouvernail d'une main et la boussole de l'autre ? S'est-il jetté dedans l'esquif, pour se sauver, et si le grand vaisseau qu'il conduisoit avoit à se perdre, n'a-t-il pas témoigné qu'il y vouloit mourir devant tous les autres ? Est-ce la fortune qui l'a tiré de ce labirinthe : ou si ç'a été sa prudence, sa constance et sa magnanimité ? Nos ennemis sont à quinze lieuës de Paris, et les siens sont dedans. Il y a tous les jours avis que l'on y fait des pratiques pour le perdre. La France et l'Espagne, par manière de dire, sont conjurées contre lui seul. Quelle contenance a tenue parmi tout cela cet homme, que l'on disoit qui s'étonneroit au moindre mauvais succez, et qui avoit fait fortifier le Havre, pour s'y jetter à la première mauvaise fortune ? Il n'a pas fait une démarche en arrière pour cela. Il a songé aux perils de l'État, et non pas aux siens ; et tout le changement que l'on a vû en lui durant ce temps-là est, qu'au lieu qu'il n'avoit accoutumé de sortir, qu'accompagné de deux cens gardes, il se promena tous les jours, suivi seulement de cinq ou six gentils-hommes. Il faut avoüer qu'une adversité soutenuë de si bonne grace, et avec tant de force, vaut mieux que beaucoup de prosperitez et de victoires.

Il ne me sembla pas si grand, ni si victorieux, le jour qu'il entra dans la Rochelle, qu'il me le parut alors, et les voyages qu'il fit de sa maison à l'Arcenal, me semblent plus glorieux pour lui que ceux qu'il a faits delà les monts, et desquels il est revenu, avec Pignerol et Suze. Ouvrez donc les yeux, je vous supplie, à tant de lumière. Ne haïssez pas plus longtemps un homme qui est si heureux à se venger de ses ennemis, et cessez de vouloir du mal à celui qui le sçait tourner à sa gloire et qui le porte si courageusement. Quittez votre parti devant qu'il vous quitte. Aussi bien une grande partie de ceux qui haïssoient monsieur le Cardinal se sont convertis par le dernier miracle qu'il vient de faire. Et si la guerre peut finir, comme il y a apparence de l'esperer, il trouvera moyen de gagner bien-tôt tous les autres. Étant si sage qu'il est, après tant d'experiences, ce qui est de meilleur, et il tournera ses desseins à rendre cet État le plus florissant de tous, après l'avoir rendu le plus redoutable. Il s'avisera d'une sorte d'ambition qui est plus belle que toutes les autres, et qui ne tombe dans l'esprit de personne : de se faire le meilleur et le plus aimé d'un royaume, et non pas le plus grand et le plus craint. Il connoît que les plus nobles et les plus anciennes conquêtes sont celles des cœurs et des affections ; que les lauriers sont des plantes infertiles, qui ne donnent au plus que de l'ombre, et qui ne valent pas les moissons et les fruits dont la paix est couronnée. Il voit qu'il n'y a pas tant de sujet de louange à étendre de cent lieuës les bornes d'un royaume, qu'à diminuer un sol de la taille, et qu'il y a moins de grandeur et de veritable gloire à defaire cent mille hommes, qu'à en mettre vingt millions à leur aise et en sûreté. Aussi ce grand esprit, qui n'a été occupé jusqu'à present qu'à songer aux moyens de fournir aux frais de la guerre, à lever de l'argent et des hommes, à prendre des villes, et à gagner des batailles, ne s'occupera desormais qu'à retablir le repos, la richesse et l'abondance. Cette même tête, qui nous a enfanté Pallas armée, nous la rendra avec son olive, paisible, douce et sçavante, et suivie de tous les arts qui marchent d'ordinaire avec elle. Il ne fera plus de nouveaux édits que pour régler le luxe et pour rétablir le commerce. Ces grands vaisseaux, qui avoient été faits pour porter nos armes au-delà du détroit, ne serviront qu'à conduire nos marchandises et à tenir la mer libre ; et nous n'aurons plus la guerre qu'avec les corsaires. Alors les ennemis de monsieur le Cardinal ne sçauront plus que dire contre lui, comme ils n'ont sçu que faire jusqu'à cette heure. Alors les bourgeois de Paris seront ses gardes, et il connoîtra combien il est plus doux d'entendre ses loüanges dans la bouche du peuple que dans celle des poëtes. Prévenez ce temps-là, je vous conjure, et n'attendez pas à être de ses amis jusques à ce que vous y soyez contraint. Que si vous voulez demeurer dans votre opinion, je n'entreprends pas de vous l'arracher par force. Mais aussi, ne soyez pas si injuste, que de trouver mauvais que j'aie défendu la mienne, et je vous promets que je lirai volontiers tout ce que vous m'écrirez quand les Espagnols auront repris Corbie. Je suis, Monsieur, votre, etc.

De Paris, le 24 décembre 1636.

FIN

TABLE

— Lille. Typ. J. Lefort. 1888 —

www.ingramcontent.com/pod-product-compliance
Ingram Content Group UK Ltd.
Pitfield, Milton Keynes, MK11 3LW, UK
UKHW012208240726
13966UKWH00002B/637